Guerras Civis
ilhas de desordem de heiner müller

6 COLEÇÃO
PERSPECTIVAS EM CENA

Supervisão de texto LUIZ HENRIQUE SOARES E ELEN DURANDO
Revisão de tradução SAMIR SIGNEU
Preparação de texto MARCIO HONORIO DE GODOY
Capa e projeto gráfico SERGIO KON
Produção RICARDO NEVES E SERGIO KON

INGRID DORMIEN KOUDELA

Guerras Civis
ilhas de desordem de heiner müller

Inclui, de Heiner Müller,
VIDA DE GUNDLING FREDERICO DA PRÚSSIA.
SONO SONHO GRITO DE LESSING.
UM CONTO DE HORROR

 PERSPECTIVA

Esta obra só foi possível graças ao apoio de CNPq – Conselho Nacional de Desenvolvimento Cientifico e Tecnológico, por meio da Bolsa de Produtividade de Pesquisa, essencial ao desenvolvimento do trabalho.

CIP-Brasil. Catalogação na Publicação
Sindicato Nacional dos Editores de Livros, RJ

K88g
    Koudela, Ingrid Dormien
    Guerras civis : ilhas de desordem de Heiner Müller / Ingrid Dormien Koudela. - 1 ed. - São Paulo : Perspectiva, 2021.
    128 p. ; 21 cm. (Perspectivas em cena ; 6)

    Inclui bibliografia
    ISBN 978-65-5505-064-6

    1. Müller, Heiner, 1929-1995 - Crítica e interpretação. 2. Representação teatral. I. Título. II. Série.

21-71845   CDD: 792.01
                                            CDU: 792.01

Meri Gleice Rodrigues de Souza - Bibliotecária - CRB-7/6439
05/07/2021   05/07/2021

Direitos reservados à

EDITORA PERSPECTIVA LTDA.

R. Augusta, 2445, cj. 1
01413-100 São Paulo SP Brasil
Telefax: (55 11) 3885-8388
www.editoraperspectiva.com.br

2021

À *Gita.*
Ao *Jacó,* in memoriam.
À *Ruth Röhl,* in memoriam.

Sumário

Introdução
11

1. Vida de Gundling Frederico da Prússia. Sono Sonho Grito de Lessing. Um Conto de Horror [HEINER MÜLLER]
19

2. "O Torso de Lessing"
51

3. Sobre a Poética do Fragmento em Müller
69

4. Os Atuadores da Paixão
83

5. Viagem de Heiner Müller ao Brasil
93

6. O Texto Como Modelo de Ação no Jogo Teatral
99

7. O Jogo Teatral Com Brecht e Müller: Experiência de uma Reflexão
105

Bibliografia
125

Introdução

Vínhamos trabalhando, Jacó Guinsburg e eu, há muitos anos, na tradução da obra de Gotthold Ephraim Lessing. A editora Perspectiva reuniu em único volume, e pela primeira vez em língua portuguesa, as mais importantes obras do autor, dramatúrgicas (*Natã, o Sábio, Emília Galotti* e *Minna von Barnhelm* de *Dramaturgia de Hamburgo*), de crítica de dramaturgia (*Dramaturgia de Hamburgo* e *O Teatro do Senhor Diderot*) e de filosofia da arte (*Laocoonte*, em tradução de Samir Signeu). Além de alguns exemplares de sua extensa correspondência. Completa a obra o posfácio escrito por Newton Cunha[1]. Os últimos exemplares dessas obras em alemão eram encontrados somente na biblioteca do Museu Lasar Segall, em São Paulo, sendo muito procurados, aliás.

Em um dos nossos encontros, Jacó me pergunta se não encontraríamos algo contemporâneo sobre Lessing. Buscando em arquivos remotos de minha memória, me lembrei da menção ao nome de Lessing em um dos títulos das peças de Heiner Müller: *Vida de Gundling Frederico da Prússia. Sono Sonho Grito de Lessing. Um Conto de Horror.* A peça se encontra traduzida no primeiro capítulo do presente livro.

O segundo capítulo do livro tem como título "O Torso de Lessing" e visa aproximar a dramaturgia para o leitor brasileiro, por meio de uma análise da vida e obra dos autores Lessing e Müller. É inegável

---

[1] *Lessing – Obras: Crítica e Criação*, org. e tradução de J. Guinsburg, J. e I.D. Koudela, São Paulo: Perspectiva, 2016.

a importância de Lessing, pensador situado no momento histórico da transição entre a morte da tragédia clássica e o desenvolvimento do drama burguês, entre o desaparecimento da poética e florescimento da estética, entre a decadência dos regimes monárquicos e o nascimento das repúblicas modernas.

O terceiro capítulo, "Sobre a Poética do Fragmento em Müller", busca surpreender o caráter performativo dessa escritura. Elegi assim novos modelos de ação do discípulo de Brecht. Ministrante da disciplina Teoria e Prática da Peça Didática, de Bertolt Brecht, no Curso de Pós-Graduação da Escola de Comunicações e Artes da Universidade de São Paulo – ECA-USP, sou necessariamente confrontada com o teatro de Heiner Müller. A encenação de *Sangue na Sapatilha*, escrito em homenagem a Pina Bausch, foi apresentada no Paço das Artes da USP, com alunos de pós-graduação.

A experiência de trabalhar com um texto de Müller transforma não apenas o conceito de teatro como gera uma profunda agitação e transformação na prática teatral. A minha mais viva sensação foi aquela descrita por Müller quando cita o *Fragmento Fatzer*, de Brecht, como um processo de autoconhecimento. Na versão de Müller, intitulada *Declínio do Egoísta Johann Fatzer*, ele escreve na introdução:

> No primeiro caderno dos Versuche há um texto do Fragmento Fatzer. Li esse texto nos anos cinquenta e desde então o Fatzer é para mim um objeto de inveja. Trata-se de um texto secular, pela qualidade literária e pela condensação. Seu tema tem a ver com as grandes cidades [...] há por volta de quatrocentas páginas no Arquivo Bertolt Brecht, material difuso, às vezes há uma linha em uma página, às vezes uma página inteira, esboços de diferentes versões.
>
> No quarto em que estava trabalhando, esparramei as quatrocentas páginas e andava em meio a elas, procurando o que combinava. Também estabeleci relações que Brecht não poderia ter pensado, um quebra-cabeças.[2]

---

2 *O Declínio do Egoísta Johann Fatzer*, p.11.

Para Müller, no texto do Fatzer, a língua escande o processo do pensamento cuja atitude é aquela do pesquisador científico. Brecht faz o comentário do fragmento: "como antigamente fantasmas vinham do passado, assim também agora (vêm) do futuro". E Müller declara: "os fantasmas não ameaçam apenas surgir do passado, mas como motoristas loucos na via expressa do futuro"³.

Ao chegar em casa, depois da sala de aula e da sala de ensaio, meus papéis estavam como que em revolta, resistentes a uma organização linear. Textos de Caetano Veloso, ritmos indígenas e imagens dos espetáculos de Pina Bausch compunham o texto espetacular da performance de *Sangue na Sapatilha*, informado pelo exercício intertextual. A revolta dos papéis é também uma revolução nos conceitos acadêmicos tradicionais contra os quais esse teatro se rebela, nascendo a partir daí várias questões.

O texto mülleriano, no qual intertextualidade e desconstrução constituem-se como método de pesquisa, permitia à ação de atuantes e encenadora uma grande liberdade, abrindo caminho para a *antropofagia*, conforme conceitua Ruth Röhl, com grande propriedade, em seu *A Literatura da República Democrática Alemã*, obra escrita em parceria com Bernhard J. Schwarz e publicada pela Perspectiva.

No diálogo publicado com o título *O Espanto Como Primeira Aparição do Novo*, nosso autor propõe um princípio estético que permite o paralelo com a antropofagia – a transformação permanente do tabu em totem. A ideia de Oswald de Andrade, de que o tabu deve ser transformado em totem, subverte por completo a reflexão de Freud, por colocar justamente o proibido, o indesejável como algo digno de desejo. Transformando o oposto à norma em objeto de busca, Andrade instaura a ruptura como procedimento. Esse procedimento subjaz às palavras de Müller quando afirma que o novo é geralmente um fator de perturbação da ordem.

Apesar das diferenças entre os dois dramaturgos, procedimentos comuns como a deglutição intelectual, a representação paródica,

---

3 Idem, *Gesammelte Irrtümer*, p. 55.

a irreverência e a provocação são justificáveis pela tradição: no caso de Andrade, a Semana de Arte Moderna; no de Müller, o conhecimento e incorporação das vanguardas europeias (Maiakóvski, Duchamp, Kafka etc.).

No quarto capítulo, "Os Atuadores Paixão", sobre as encenações do grupo Ói Nóis Aqui Traveiz, busco render homenagem aos atuadores da Terreira da Tribo, hoje um dos coletivos brasileiros mais qualificados do ponto de vista artístico e pedagógico. A coragem no corpo a corpo com textos contemporâneos nas suas encenações foi, sem dúvida, um estímulo para dar continuidade à pesquisa sobre Müller.

Faço breves apontamentos no capítulo quinto, "A Viagem de Heiner Müller ao Brasil".

No capítulo seis, "O Texto Como Modelo de Ação no Jogo Teatral", procuro estabelecer algumas premissas para a investigação didática em torno do conceito de modelo de ação. Ao jogar com o texto, o poder de ruptura estética do material poético original necessita ser traduzido para o sistema de representação de sentidos da linguagem gestual. A materialidade da arte do teatro exige ainda uma transformação da expressão escrita para a oralidade da fala. A corporeidade do atuante, aliada à visualidade e à audição, dá forma ao texto cênico que se desdobra no tempo e no espaço.

Ao encarar o texto como pré-texto por meio da teoria da peça didática, convidamos o aluno atuante a participar da investigação didática a partir de um texto poético. O texto literário perde seu estatuto, não importando a fidelidade a ele. O texto pode inclusive estar impresso, grafado, projetado na cena, valorizando-se a sua materialidade, tanto sonora como visual. O texto não mais limita a cena, mas delimita a superfície do mergulho no processo de sua apropriação. O texto é um objeto estético, estilístico, que sugere uma multiplicidade de representações simbólicas.

No último capítulo, o sétimo, "O Jogo Teatral Com Brecht e Müller: Experiência de uma Reflexão", faço a narrativa da investigação a partir da leitura realizada com os alunos atuantes durante o processo de pesquisa em sala de aula e em sala de ensaio.

Já em estágio mais avançado do processo de encenação, a narrativa poética *Fênix*, de Heiner Müller, há um comentário das gravuras de Brüghel, o Velho, que foram representadas em cena. As gravuras foram expostas no saguão do teatro, mas não eram mostradas no palco. A narrativa da montagem, se dava por meio de *tableaux vivant* (quadros vivos) construídos pelos atuantes.

Para a plateia, tornavam-se visíveis, pela construção das alegorias brughelianas, mostrando as contradições dos seres através de tempos históricos. Texto e imagem podem fazer parte de um terreno de contradições produtivas.

O tema da investigação instaurado com os atuantes para a montagem foi encontrado em duas criações que têm linguagens diferentes, ou seja, a forma como o pintor e o poeta criam sistemas de representação de sentido. O receptor assume ambos os pontos de vista ao deslocar seu olhar de um para o outro, assumindo ora a visão do pintor, ora a do poeta.

A relação entre texto e imagem promove um maior número de percepções do que a imagem ou o texto por si só o fariam. Reportando para o passado do tempo na história, o modelo, prefigurado na obra de arte alarga a geografia e a consciência de tempo do fruidor.

O fragmento sintético *Fênix*, de Heiner Müller, inserido como epílogo na dramaturgia da montagem, radicalizava de forma provocativa o conceito da técnica do despertar benjaminiana. Assim como o indivíduo recorda um sonho, o historiador procura ler os atos históricos como algo que acaba de nos acontecer. Trata-se de despertar um saber ainda não consciente do passado. Olhamos o passado com lentes de intérprete, nós o reconstruímos conscientes de que não o apreendemos em sua real configuração.

O compromisso que a investigação didática tem tanto com o aspecto pedagógico quanto com o artístico cria construções de sentidos entre o saber fazer e o fazer saber.

Vida de Gundling Frederico da Prússia. Sono Sonho Grito de Lessing. Um Conto de Horror

de Heiner Müller[1]

Vida de Gundling Frederico da Prússia

Jardim em Potsdam. Jantar. Frederico Guilherme com o menino Frederico como tenente, oficiais, Gundling. Cerveja e tabaco. Lua.

GUNDLING[2]: ... e recebeu a sabedoria das medidas tomadas por Vossa Majestade, a proibição dos jornais estrangeiros no

---

1 Tradução e Notas: Ingrid Dormien Koudela; revisão da tradução de Samir Signeu. As notas inseridas sobre as personagens procuram esclarecer os contextos históricos invocados nas peças e os episódios históricos que estão na origem da intertextualidade praticada por Heiner Müller. Vale dizer que a tradução faz uso de maiúsculas para os títulos honoríficos e formas de tratamento da nobreza: Rei, Vossa Majestade etc., bem como para os pronomes pessoais de tratamento formal referentes a essa mesma nobreza: Vós, Vossa etc. Tal procedimento mostrou-se importante devido ao caráter sintético da linguagem de Müller, cujo traço visível é a escassez de pontuação e de sinais de interrogação, que acompanhamos neste presente trabalho. Ver H. Müller, *Leben Gundlings Friedrich von Preussen Lessings Schlaf Traum Schrei*, p. 509-537.
2 Jacob Paul Barão von Gundling (1673-1731), camareiro do rei Frederico Guilherme I da Prússia. A historiografia descreve Gundling como um intrigante da corte que tinha plena consciência de seu poder e influência junto ao rei e sabia utilizar isso muito bem para o seu proveito. Mas aos poucos foi decaindo a ponto de o cortesão não mais ser levado a sério e tornar-se bobo da corte. Procurou refugiar-se no álcool, o que piorou os ataques dos outros cortesãos.

território de Sua Majestade, já pelo fato de o mundo ter sido criado por um único Deus e portanto por força da razão só pode haver um centro o qual se encontra na Prússia por assim dizer sob o traseiro real de Vossa Alteza com a benção divina de Frederico Guilherme.

Frederico Guilherme peida. Frederico tapa demonstrativamente o nariz.

Assim Deus criou o mundo. O qual aconteceu primeiro de forma gasosa.

FREDERICO: Ele continua fedendo.

FREDERICO GUILHERME: Atreva-se, seu vilão. Vou lhe ensinar boas maneiras, francesoide. Torcer o nariz diante dos peidos de seu pai! Não tem senso de família. Não está em Versalhes onde tudo acontece de ponta cabeça. Acaso eu torcia o nariz quando ficava deitado em sua própria merda? Um prussiano deve manter sua família honrada. Mantenha-se ereto! E mãos sobre a mesa. Já está brincando de novo com sua calça. As mãos do soldado devem ficar junto à costura da calça, durante o jantar, sobre a mesa.

Frederico aperta os braços sobre o peito.

Esconda a flauta, patife.

Arranca a flauta do casaco do uniforme de Frederico, quebrando-a no joelho.

Vai ganhar o emprego, Gundling, 200 táleres por ano. É patriota. Vai concordar? Eu devo alimentar um povo, eu preciso ser sovina. E cortei 200 táleres de minhas costelas por amor à ciência.

Gundling conta o dinheiro sobre a mesa, criados trazem cerveja.

Ao novo presidente da Academia Real, Jacó Paul Barão von Gundling.

Frederico Guilherme, oficiais, Gundling bebem.

OFICIAL: Agora já tem um título, Gundling?

GUNDLING (*contando o dinheiro sobre a mesa*): Eu preferia não ter nenhum.

Cerveja, oficiais bebem.

OFICIAL 2: Isso quanto ao tribunal de apelação. Onde está o mestre de cerimônia.

OFICIAL 3: E o conselheiro da câmara.

OFICIAL 4: E o conselho de Vossa Majestade.

Frederico Guilherme ri.
Gundling esvazia seus bolsos sobre a mesa etc.

OFICIAL 1: Gundling, quem foi que lhe pôs os cornos?

OFICIAL 2: Sua esposa o xingou porque estava bêbado.

GUNDLING: A sorte dos sábios, meus senhores. Lembro-lhes Sócrates, o pai da filosofia.

OFICIAL 1: Então foi seu pai quem lhe pôs os cornos.

Frederico Guilherme tapa os ouvidos de Frederico.

OFICIAL 2: Melhor o pai ao filho do que o filho ao pai.

Oficiais riem.

OFICIAL 3: Quem não honra ao pai não merece a mãe.

Oficiais riem.

OFICIAL 4: Gundling, temos um presente para ele. É homem?

GUNDLING (*levanta-se cambaleando, pega sua braguilha*): Posso prová-lo.

Frederico Guilherme tapa os olhos de Frederico.

OFICIAL 1: Eis aqui a prova.

Entra em cena um urso com as patas encurtadas e desdentado. Gundling dá uma volta correndo em torno da mesa, o urso o persegue. Os oficiais interceptam Gundling com a espada. O urso abraça Gundling.

OFICIAL 2: A noiva tem fogo.
OFICIAL 3: Uma pele rosada.
OFICIAL 4: Gosta do abraço?
FREDERICO (*esperançoso*): Ele vai despedaçá-lo, papai?
FREDERICO GUILHERME (*ri*): Toma por exemplo de como tratar os eruditos. Deve aprender a arte de reinar quando eu consinto, como diz o pregador da corte, com meu Deus, ou com o nada. Encurtar as patas do povo, à besta desdentada. Fazer a inteligência de imbecil para que o povaréu não chegue a ter ideias. Lembre-se disso quando andar por aí empolado com seus trastes de tragédias. Eu quero que se torne homem. Está novamente roendo as unhas? Vou lhe mostrar.

Gundling cai de costas, livre do abraço. O urso faz uma reverência e é levado por criados preso a uma corrente.

GUNDLING (*de costas*): Gostaria de estar deitado na merda atrás do celeiro de meu pai. (*Oficiais riem.*) Na Inglaterra disputei com arcebispos em latim.
O WHAT A NOBLE MIND IS HERE
O´ERTHROWN[3]

Oficiais riem.

Observem, meus senhores *studiosi*, a majestade do firmamento. E permitam que isso seja um consolo: pois também é passageiro. O homem é um acidente, um tumor maligno. E aquilo que chamamos de vida, Vossas Majestades, é algo como sarampo, uma doença infantil do universo, cuja verdadeira existência é a morte, o vazio. Avante, Prússia!

---

3   Citação de *Hamlet*: "Qual nobre espírito é aqui destruído." (Nota de Heiner Müller.)

FREDERICO GUILHERME (*severo*): Gundling, novamente cheio de ideias.
OFICIAL 1: É o delírio.
OFICIAL 2: Vou lhe dar mais bebida.
OFICIAL 3: Pena pela bebida. Isso é o corpo de bombeiros.

Os oficiais urinam sobre Gundling.

OFICIAL 4: Néctar e ambrosia. Aos seus o Senhor os dá durante o sono.
FREDERICO GUILHERME (*a Frederico*): Nenhum deles está à Sua altura, Príncipe?
FREDERICO: Não posso, papai.
FREDERICO GUILHERME: Ah! É oficial prussiano e não consegue mijar quando seu rei ordena. É homem? Humilhem o patife. Abram-lhe a braguilha.

Oficiais arrancam as dragonas de Frederico. Frederico chora.

OFICIAL: Hahaha. Ele mija com os olhos.

Jogos Prussianos

1

Frederico, sua irmã Guilhermina e o tenente Katte[4] brincam de cabra-cega. Enquanto Katte tateia com os olhos vendados, Frederico e Guilhermina trocam de roupa um com o outro. Frederico e Guilhermina tentam sair do

---

4 Hans Hermann von Katte. No ano de 1730, houve divergências entre Frederico Guilherme, rei da Prússia, e seu filho e herdeiro do trono, Frederico (que viria a ser Frederico, o Grande). O filho quis fugir, em 1729, com o tenente Hans Hermann von Katte. Mas a fuga malogrou e o amigo de Frederico foi julgado. O rei havia determinado a pena de morte, obrigando Frederico a presenciar a morte de seu amigo Katte, evento histórico retratado por Müller na peça.

caminho um do outro quando Katte se aproxima. Às vezes esse contato se torna uma carícia, os empurrões acabam em abraço. Katte toca em Frederico, prendendo-o, tateia suas roupas e as de Guilhermina, a peruca, a testa, olhos, boca.

KATTE (*inseguro*): Guilhermina!

Frederico permanece imóvel, somente suas mãos se agitam. Ao alcançar Katte, chama.

GUILHERMINA: Errado, errado, errado. Eu estou aqui.

Corre por trás, aproximando-se de Katte, pega-o, encosta-se a ele pesadamente, a venda diante dos olhos.

FREDERICO (*ignorando Guilhermina, ressentido, para Katte*): Vamos brincar de tragédia. Eu sou Fedra.

Guilhermina ressentida se recolhe, por sua vez, em um canto do qual aparece de vez em quando e bate nas mãos de Frederico ou de Katte, quando um deles quer pegar o outro.

FREDERICO: Sim, Príncipe, eu anseio, ardo por Teseu. Contigo eu fui salvo e perdido.

KATTE: O que estou ouvindo, Deuses!

FREDERICO: Se não quer o braço, empresta-me a espada. Dê![5]

Frederico coloca a espada de Katte em seu peito. Guilhermina sai de seu canto com uma máscara neutra de Frederico Guilherme diante do rosto, com o andar e a atitude do rei seu pai e bate com uma vara em Frederico e Katte. Frederico e Katte amarram-na com os trapos da roupa de Frederico Guilherme em uma cadeira. Frederico põe a espada de Katte no peito de Guilhermina.

FREDERICO: Morra, *mon cher papa*!

Risadas de Frederico e Katte.

---

5 Citação de Racine, *Fedra*. Tradução de Schiller. (Nota de Heiner Müller.)

2

Frederico vendado é trazido por soldados. Pelo outro lado, trazem o tenente Katte, sem os olhos vendados porém acorrentado. Atrás de Frederico, o comando de execução toma posição diante de Katte. Entre Frederico e Katte, o rei Frederico Guilherme toma assento em uma cadeira que é carregada atrás dele por dois lacaios.

FREDERICO GUILHERME: Faça as pazes com seu Pai no céu. Filho do cão. Eu o ajudando a subir, o senhor supremo da guerra e rei pai, através do qual Deus o venceu.
FREDERICO (*tremendo, baixinho*): Pai do cão.
FREDERICO GUILHERME: Está conjeturando. Vou ensiná-lo a parar de trepar com a bunda e a *parler* em francês. Mantenha-se ereto. Vou torná-lo homem e rei. Mesmo que para tanto tenha que quebrar todos os ossos de seu corpo.
KATTE: Meu príncipe.
FREDERICO: Estou vendo você.

A um sinal de Frederico Guilherme, os soldados tiram a venda de Frederico. Ao mesmo tempo, vendam os olhos de Katte.

KATTE: Morro pelo mais nobre Príncipe.
FREDERICO (*tapa os olhos com as mãos*): Não posso ver.
FREDERICO GUILHERME: Mostrem-lhe a distribuição dos presentes.
SOLDADOS: Eu sou o Papai Noel.

Arrancam as mãos de Frederico da frente de seus olhos, mantendo seus olhos abertos. Fuzilamento de Katte.

FREDERICO GUILHERME (*erguendo-se*): Este era Katte.
FREDERICO: *Sire*, este era eu.

3

PROJEÇÃO (NARRADOR): NÃO EXISTE NADA PIOR DO QUE O HOMEM. DISSO PODE ESTAR SEGURO, MEU CARO (Frederico II).

FREDERICO (*batendo em soldados que estão fugindo, obrigando-os a voltar para a batalha*): Cachorros, vocês querem viver eternamente.

SOLDADOS: Nosso Fritz. Vivat Fridericus Rex Hurrah.

Há mortes.

FREDERICO: Eu queria ser meu pai. – Neve vermelha.

Frederico vomita.

FREDERICO: Leia para mim, Catt.

Catt abre uma cadeira dobradiça. Frederico senta-se, de costas para a batalha. O rosto para o público.

CATT: Plutarco?

FREDERICO: Racine.

Enquanto dura a batalha, Catt lê Britanicus IV, de Racine[6].

COISA BOA É NINGUÉM SABER QUE RUMPELSTILZCHEN[7] É O MEU NOME OU A ESCOLA DA NAÇÃO:

6   O tema relatado na peça de Racine opõe o direito de sangue ao direito da lei. É a oposição entre Britannicus x Nero. Enquanto Britannicus é filho legítimo de Claudio, este reconhecera Nero como filho. Racine mostra Nero na noite após o crime. Matando Britannicus, seu rival mais perigoso, o imperador se liberta do elemento que impede seu poder tirânico a se afirmar.

7   *Rumpelstiltzchen* é personagem de um conto de fadas originado na Alemanha. O conto foi coletado pelos Irmãos Grimm, que inicialmente o publicaram na edição de *Kinder und Hausmärchen* (Contos Para a Infância e Para o Lar), em 1812. De acordo com a lenda, para impressionar o rei, com o objetivo de fazer o príncipe casar-se com sua filha, um moleiro pobre diz que ela é capaz de fiar palha e transformá-la em ouro. O rei chama a moça, fecha-a numa torre com uma roca de fiar e exige que transforme a palha em ouro. Ele dá o prazo de três noites ou ela será executada. Se falhar, será empalada e depois cortada em pedaços como um porco. Outra versão diz que a moça ficaria fechada na torre para sempre. Ela já tinha perdido toda a esperança quando aparece um duende e transforma toda a palha em ouro, em troca do seu colar. Na noite seguinte, pede-lhe o seu anel. Na terceira noite, quando ela não tinha mais nada para dar, o duende exige em troca o primeiro filho a que a moça der à luz. O rei decide se casar com ela, mas quando nasce o primeiro filho do casal, o duende regressa para reclamar seu pagamento. A rainha fica tão assustada que oferece toda a sua riqueza para que o duende a ▶

Um Teatro de Bonecos Patriótico

Parede de fogo, diante dela, tempestade de neve. Soldados marcham através da neve (bonecos) em uniformes da Wehrmacht em passo de ganso para dentro do fogo. Ao lado esquerdo da rampa do palco, uma lousa escolar sobre a qual Frederico II registra as notas dos soldados que voltam mancando da batalha: 5 (insuficiente), para ilesos ou com ferimentos leves, notas melhores; (4-2) para cada ferimento grave, ou seja, perda de membros do corpo; 1 (excelente) para os mortos.

FREDERICO: Nos verdes campos
Há muitas flores
As amarelas para os porcos
As azuis aos pequenos
À mais querida as vermelhas
As brancas aos mortos

Do outro lado, John Bull[8] e Marianne, em dimensões sobre-humanas, fazem a divisão do mundo, retirando com lâminas de facas índios e negros mortos de um globo no qual atiram as facas. A cada acerto o vencedor corta uma fatia que devora. Os dois olham satisfeitos um para o outro acariciando a barriga (às vezes um ao outro), arrotando e peidando para o pequeno Frederico que brinca de guerra com seus bonecos representando soldados. Enquanto a

▷ deixe ficar com a criança. O duende recusa, mas cria outra exigência: a rainha deve adivinhar o seu nome em três dias. No primeiro dia, ela falha, mas antes da segunda noite, o seu mensageiro ouve o duende a saltar em volta de uma fogueira e a cantar: "Hoje eu frito, amanhã eu cozinho! / Depois de amanhã será o filho da rainha! / Coisa boa é ninguém saber / Que Rumpelstilzchen é o meu nome!"

8 John Bull é uma personificação nacional do reino da Grã-Bretanha criada pelo dr. John Arbuthnot, em 1712, e popularizada inicialmente pelos impressores britânicos e, depois, por ilustradores e escritores como o estadunidense Thomas Nast e o irlandês George Bernard Shaw, autor de *John Bull's Other Island*. É por vezes usado como símbolo ou representação de todo o Reino Unido. Em 1904, um *cartoon* comenta *Entente cordiale*: John Bull saindo com Marianne, mostrando as costas para a Alemanha.

tempestade de neve aumenta e o fogo apaga, a cena congela. O palco se transforma em um navio fantasma no qual marujos mortos pregam o capitão em um mastro. O capitão caminha para trás, novamente para frente, novamente para trás etc. através dos séculos. Música.
O SACRIFÍCIO MUSICAL.

Rei Coração[9] Viúva Negra[10]

Projeção: Leda e o Cisne (Peter Paul Rubens)
Frederico retira de um armário uma boneca prussiana com a máscara de Frederico Guilherme, ninando, acariciando e beijando-a diante do espelho.

FREDERICO: Meu povo.
(Esbofeteia a boneca, joga-a no chão, dança sobre ela.)

---

9   Rei Coração refere-se ao rei Ludovico I (1786-1868). O rei da Baviera tinha muitas amantes às quais se declarava publicamente, não admitindo os ditames da moral burguesa. A resistência do público contra a dançarina Lola Montez mostrou que esse comportamento não era aceito à época. Natural da Irlanda, Lola Montez foi amante de Ludovico, desde 1846, recebendo muitos presentes caros e obtendo influência sobre a política do rei que lhe concedeu a cidadania da Baviera e o título hereditário de Condessa von Landsfeld. A relação do rei com Lola Montez levou a uma crise de Estado, sendo que a amante foi obrigada a deixar o reino. A perda de autoridade e a amargura pessoal de Ludovico coincidiram com as revoltas de 1848, em Munique. Fizeram parte de uma revolução que abrangeu todos os reinos alemães. As reivindicações por uma reforma democrática na Baviera não foram aceitas pelo rei, que preferiu abdicar e entregar seu reinado, no dia 19 de maio de 1848, ao seu filho, Maximiliano. O coração de Ludovico I é guardado em uma urna, na tradição dos soberanos da Baviera.

10 Viúva Negra se refere a uma canção criada pela banda de música Eisbrecher, fundada por Alex Wesselsky, em 2003. Seguem os versos dessa canção: "Malvada menina / Não tenha piedade de mim / Dá-me o chicote / E lhe agradecerei / Hoje à noite / Deusa negra / Deixa que eu seja seu animal de sacrifício / Comigo faça o que quiser / Tudo lhe será perdoado / Hoje à noite / Beija-me viúva negra / Não tenha piedade de mim hoje à noite / Devora-me viúva negra / Vem sentir-me / Quero tocá-la / Viúva negra / Arranca-me o coração do peito / Venha para meu colo / Deixe que eu morra de prazer / Hoje à noite / Sem salvação / Carrego seu veneno em mim / Toda minha força vital / Afunda no abismo da volúpia / Hoje à noite." Disponível em: <www.musixmatch.com>.

Canalha.

Joga a boneca de volta no armário, senta-se em uma cadeira, enfia o dedo no nariz. Uma mulher saxônia grosseira com um véu preto entra cambaleando. Frederico tira o dedo do nariz e esconde a mão atrás da cadeira.

MULHER SAXÔNIA: Eu sou a viúva.
FREDERICO (*ergue-se de um salto*): Qual viúva?
MULHER SAXÔNIA (*chegando bem perto dele*):
Sou a mais feliz das mulheres, se Vossa
Majestade assim o desejar.
FREDERICO (*fugindo*): Vossa Majestade não deseja.
MULHER SAXÔNIA (*perseguindo-o pelo quarto*):
Meu marido e pai de meus filhos, oito ao todo,
é aquele oficial que servia aos saxões.
Ao ser preso passou a servir aos
prussianos tornando-se também ele prussiano.
Agora desertou voltando por amor à pátria
saxônia a chamado de seu coração
(*Mão sobre o coração.*)
Vossa Majestade ordenou que fosse
fuzilado hoje pela manhã de acordo com a
justiça de guerra. Sou viúva se
Vossa Majestade não exercer Vossa
misericórdia para a mulher. Diante da justiça de
guerra venho pedir de joelhos.

Agarra as pernas de Frederico, atirando-se de joelhos.

FREDERICO (*escapando*): Será viúva, Vossa Majestade não permite isso.
MULHER SAXÔNIA: Oh! (*Cai desmaiada.*)

Frederico circunda a mulher desmaiada em largos círculos.

MULHER SAXÔNIA (*acorda, joga os braços para o alto*): Misericórdia!
FREDERICO (*tomando distância*): O céu está vazio, Madame!

A mulher saxônia ergue-se, estica os braços para ele.

FREDERICO: E eu sou o rei.
MULHER SAXÔNIA: O Senhor tem um coração?
FREDERICO (*em tom de homem de Estado*):
    Não me pertence. (*Caminhando pelo quarto.*)
    Seu marido, por exemplo, é um homem de honra
    mas sua honra é saxônia.
    Então o que significa para ele a honra da
    Prússia que cabe a mim administrar,
    o rei da Prússia, mesmo que isso me corte o
    coração. Uma ferida, Madame, é o coração de um
    rei.
MULHER SAXÔNIA (*chora*): Majestade.
FREDERICO (*canta*):
    Ó se soubesse oh Madame
    Minhas noites solitárias.
MULHER SAXÔNIA (*vai ao seu encontro, abrindo os braços*):
    E as minhas, Majestade.
FREDERICO (*recua, puxa a espada*):
    Como esse peito pede por consolo!
    Cabeças coroadas! Europa em apodrecimento!
    A Vós este exemplo de como morre um rei!

Quer colocar a espada no peito, os braços são curtos demais, a espada por demais longa, ele acerta a cintura.

MULHER SAXÔNIA (*pega a espada*):
    Não, Majestade, não podeis. Meu marido.
FREDERICO: Se eu pudesse. Tem razão. Não posso.
    Eu seria o mais feliz entre os prussianos, se outro fosse
    o rei da Prússia. Como invejo minhas
    vítimas pela sua morte. Elas podem morrer, mas
    eu devo matar.
MULHER SAXÔNIA: Estou desolada, Majestade. Meu marido.
FREDERICO: Estivesse eu em seu lugar.

MULHER SAXÔNIA (*fecha os olhos*): Ah, Majestade.
FREDERICO: Um homem de honra. Ele tem apenas uma honra. A qual infelizmente é a da Saxônia e o que significa a honra de um saxão para os meus bravos prussianos. Pela honra da Prússia eles perfuram a sua própria mãe na parede sem pestanejar.
Aquilo que para mim é um desertor honrado é para os meus corajosos homens apenas uma infâmia saxônia. A qual deve ser varrida por uma Prússia mais limpa. Já obteve a sua oportunidade, Madame. Logo mais terá aquela de presenciar uma execução. Um espetáculo feio.

Mulher Saxônia chora. Frederico vai para diante do espelho.

Que imagem maravilhosa é o ser humano.

Cobre os olhos com as mãos, enxerga através dos dedos, afasta-se do espelho.

Se a natureza não o tivesse criado eu...

Olha rapidamente para o espelho.

E como parecerá com vinte balas.
Deixemos disso. O ser humano tem um defeito: O mundo seria prussiano se meus prussianos não fossem vorazes e beberrões e se não copulassem e defecassem.
Deixemos disso. Deus é um porco, não é? Se Ele existisse. A Senhora não acredita, Madame?
MULHER SAXÔNIA: Estou rezando.
FREDERICO: Reze depressa.

Olha pela janela. de frente para o público.

A imagem de um homem.
E aqui diante de minha janela onde será destruído.

Tira o véu da Mulher Saxônia e coloca-o sobre o seu próprio rosto.

Era bom de cama, viúva?

A Mulher Saxônia chora.

FREDERICO (*dança*):
Eu sou o fazedor de viúvas. Tornar mulheres viúvas, mulher, é meu ofício. Esvazio as camas e encho os túmulos.

Ri, deixa cair o véu.

Agora pode brincar consigo mesma, viúva

Sacudindo-se.

Até que uma nova barriga se esfregue em sua barriga.

Chora.

E eu devo ver isso. Aqui. Com estes olhos.

Grandioso.

Posso fechar meus olhos quando minha palavra torna-se violência? Fosse eu cego. Ah!

Tira o véu e cobre com ele os olhos.

MULHER SAXÔNIA: Pobre Rei.
FREDERICO: Disse misericórdia? Quer que o Rei não mais possa me olhar nos olhos e para os de meus prussianos que por mim vão para a morte, são castigados etc. As mães que por ele sacrificam seus filhos, e a história que não o abandona nem por

um momento.
É isso o que deseja? É isso o que há de querer?

A Mulher Saxônia nega abanando fortemente a cabeça.

E, no entanto, seja pelo Rei da Prússia, seja
pela história, por sua palavra tudo abandono.

Sobre um joelho.

Madame, se quiser eu a presenteio com minha
reputação, para sua pequena felicidade.

MULHER SAXÔNIA: Como poderia eu, Majestade!
Meu grande Rei!

Levanta Frederico, tira-lhe a venda, seca com o véu seu rosto, cobre seu rosto novamente com o véu, coloca a cadeira na janela, em direção ao publico, senta-se, pega Frederico no colo, embalando-o, canta.

FELIZ É
QUEM ESQUECE
O QUE NÃO PODE SER TRANSFORMADO

Rufar dos Tambores. Ouve-se o pelotão que entra em marcha.

FREDERICO (*pula do colo da Mulher Saxônia*):
Madame, é hora.

Olha pela janela/para o público, tapa os olhos.

Não posso ver.
Com licença.

Esconde-se atrás da Mulher Saxônia, a cabeça aparece por detrás dela. A Mulher Saxônia afasta o véu, olha com olhos arregalados pela janela/para o público. Salva de tiros. Ao mesmo tempo, Frederico pula nas costas da mulher. Sobre a mulher.

Está vendo? Isso dá ímpeto.

Estrangula com o véu. A Mulher Saxônia joga os
braços para o alto, cai com a cadeira e Frederico.

Meus pêsames reais.
MULHER SAXÔNIA: Meus filhos.
FREDERICO (com máscara de águia):
Meus canhões necessitam de alimento, mulher.
Por que haveria de ter sexo em seu ventre?

Ó DEUS MEU, FAÇA-ME PIEDOSO,
POIS EU VENHO DO INFERNO[11]

Hospício prussiano. Mutilados de guerra brincam de guerra. Veteranos exercitam passo de ganso. Corrida de desafios. Caçada a ratos. Homem na jaula. Criança em bandagem. Mulher em estupor.

MULHER (canta):
Eram uma vez três assassinos
Delicada flor de rosa
Que faziam de conta ser três condes
Montanha e vale neve gelada
Despedida dos corações queridos e isso dói.

Eles chegaram até a senhora taberneira
Delicada flor de rosa
Pode albergar três condes por uma noite
Montanha e vale neve gelada
Despedida dos corações queridos e isso dói.

Sim, e o celeiro e o estábulo estão vazios
Delicada flor de rosa
O senhor não pode ficar com três condes durante a noite

---

11 Reza alemã, com frequência os versos rimados são ensinados às crianças: *Liber Gott, mach mich fromm/ dass ich in den Himmel komm.* (Deus meu, faça-me piedoso para que eu vá para o céu.)

Montanha e vale neve gelada
Despedida dos corações queridos e isso dói.

O primeiro pôs o cavalo na estrebaria
Delicada flor de rosa
O segundo repartiu a ração
Montanha e vale neve gelada
Despedida dos corações queridos e isso dói.

O terceiro irrompeu na cozinha
Delicada flor de rosa
E beijou a filhinha da senhora taberneira
Montanha e vale neve gelada
Despedida dos corações queridos e isso dói.

O primeiro disse a menina é minha
Delicada flor de rosa
Trago para ela uma garrafinha de vinho
Montanha e vale neve gelada
Despedida dos corações queridos e isso dói.

O segundo disse a menina é minha
Delicada flor de rosa
Trago para ela um anelzinho
Montanha e vale neve gelada
Despedida dos corações queridos e isso dói.

O terceiro disse não merecemos a menina
Delicada flor de rosa
Devemos dividi-la com nossa espada
Montanha e vale neve gelada
Despedida dos corações queridos e isso dói.

Eles sentaram a menina sobre a mesa
Delicada flor de rosa
E a espetaram setenta vezes

Montanha e vale neve gelada
Despedida dos corações queridos e isso dói.

E ali onde espirra uma gota de sangue
Delicada flor de rosa
Logo ali um anjinho toma assento
Montanha e vale neve gelada
Despedida dos corações queridos e isso dói.[12]

Professor Com Estudantes

PROFESSOR: Uma assassina. Da traição até o assassinato do marido apenas um passo. O marido era conselheiro da câmara. Ela deve sua estadia em nossa instituição ao triste fato da embriaguez de seu algoz. Nosso grande rei presenteou a Prússia com a batata. Sua corajosa aristocracia rural muito lhe deve.

ESTUDANTE: Com aguardente de batata. (*Estudantes riem.*)

PROFESSOR: Ela foi absolvida após a terceira tentativa. Os Senhores podem ver as três cicatrizes em seu pescoço. E assim está diante de nós, um ser incompleto. (*A mulher arranca as roupas do corpo. Guardas com camisa de força. Luta.*) A camisa de força. Um instrumento da dialética essa seria a conclusão de meu colega da faculdade de filosofia. Uma escola de liberdade. Basta olhar para compreender sua necessidade. Quanto mais o paciente se move, tanto mais estreito se torna o enlaçamento em torno de si mesmo, em torno de si mesmo, bem entendido. Cada qual é seu próprio prussiano, na fala popular. Aí reside seu valor educativo, seu humanismo por assim dizer, a camisa de força que também poderia ser chamada camisa de liberdade. O filosofo concluiria que a

---

12 Canção popular alemã do século XVI, ou talvez ainda mais antiga. (Nota de Heiner Müller.)

verdadeira liberdade reside na catatonia como expressão perfeita da disciplina que engrandeceu a Prússia. A conclusão é atraente: o estado ideal fundado sobre o estupor de sua população, a paz eterna sobre a constipação da globalização. O médico sabe: os estados repousam sobre o suor de seus povos, sobre os pilares de merda dos templos da razão.

ESTUDANTE: Dito através da fala popular. (*Estudantes riem.*)

PROFESSOR: Solicito uma atitude mais científica, meus Senhores. Vejam este garoto, idiotizado pela masturbação. A ruína de uma infância em flor. (*Garoto mostra a língua.*) E o triunfo da ciência: a bandagem de masturbação por mim descoberta. Como podem ver, uma construção tão simples quanto útil que, através de aplicação consecutiva, pode tornar dócil mesmo o mais intransigente pequeno pecador. (*O garoto cospe. Os guardas amordaçam sua boca.*) Pode ser regulada pelo tamanho e devo observar, meus Senhores, se me permitem essa digressão patriótica: de minha parte não considero um acidente que esta minha modesta invenção possa ser aplicada na Prússia esclarecida por nosso monarca virtuoso. Uma vitória da razão sobre a crueza do impulso natural. Contra o qual nem mesmo a utilização diária do chicote nada podia: mal deixava de senti-la sobre as costas, uma vez esmorecida a mão do excelente pedagogo que castigava o homem não é uma máquina repetia o insensível sem esperar a cicatrização de suas correias o manuseio letal do instrumento que o criador da multiplicação através do casamento cristão bem entendido reservou para a imagem de Deus também ela criada a partir de Sua imagem para falar como certo teólogo. (*Estudantes riem.*) Uma blasfêmia. Imaginem os Senhores Deus do Céu se masturbando, deus *masturbator*. (*Estudantes riem.*)

ESTUDANTE: Ou certo teólogo.

PROFESSOR (*ri*): Depois de quatro semanas com a bandagem que funciona digamos assim como um braço estendido pelo fato de ser mecânico ou como um braço incansável da pedagogia, mesmo o pior libertino esquece seu sexo. Posso demonstrar.

Os guardas soltam a bandagem. O garoto, com o rosto distorcido pela dor, esfrega seus braços adormecidos, arranca a mordaça de sua boca, toca em seus genitais. Estudantes riem. Professor com raiva.

Um idiota! Amarrem novamente. A bandagem estava por demais solta. Uma negligência. (*O garoto é amarrado, chora.*)

ESTUDANTE 1: Sugiro amputação, Senhor Professor.
ESTUDANTE 2: Castração.
ESTUDANTE 3: Em dobro dura mais. (*Estudantes riem.*)
PROFESSOR: Uma excelente sugestão, Senhor Colega. Mas como médico humanista aposto em um método mais modesto. Coisas boas exigem tempo, jovem amigo. A faca do cirurgião é o último procedimento. Tragam-no novamente daqui a três semanas.
HOMEM NA JAULA: Eu sacrifiquei meu filho, meu Jesus. Deem-me o chicote. Deem-me o chicote.
PROFESSOR: Deem a ele. Isso acontece. (*Homem na Jaula martiriza-se.*) A isso ele dá o nome de penitência para a criação do mundo. Zebahl, Tzebaot[13], também chamado de Baal sangrento pelos alunos que eram confiados aos castigos de sua mão. A mão é treinada corporalmente como pode ser conferido na Guerra dos Sete Anos, um

---

13 A palavra hebraica *Tzebaot* (צבאות, de *Jehová Tzebaot*, comumente traduzido como "Senhor dos Exércitos"), segundo a *Tanakh* (a *Bíblia Hebraica*), designa um atributo de Deus. Ausente na *Torá* (Pentatêuco), aparece de forma recorrente em outros escritos bíblicos. Não fica claro se se trata dos exércitos de Israel ou de potências cósmicas ou seres angelicais. Alguns indícios para o esclarecimento dessa dúvida aparecem nas descrições profético-visionárias sobre a existência de Deus em *Ezequiel*. Em casos excepcionais, também podem estar sendo mencionados exércitos de reis estrangeiros.

professor como está escrito nos livros. Jesus era o mais querido, assim apelidado pelos colegas por não participar de suas travessuras. Talvez porque Zebahl, como afirmam as más línguas, não deixasse de participar de seus fazimentos fora do casamento. (*Estudantes riem.*) Um anjo, de qualquer forma, com o qual o professor dividia o seu quarto. (*Estudantes riem.*) O resto está na *Bíblia*. (*Estudantes riem.*) Jesus se ofereceu como vítima para um julgamento que Tzebaot havia anunciado sobre seus pupilos. Ele assumiria o castigo por todos, um cordeiro de Deus. Seu criador, comovido até às lágrimas diante de tanta virtude, aceitou. E para não ficar atrás de sua criatura frente a tanta grandeza de alma, bem como para duplicar o efeito pedagógico, deixou aos pecadores o engrandecimento do exemplo. Eles o fizeram com parcimônia. Deus Tzebaot não tem mais filho, a aldeia tem um novo mestre escola, a história da medicina, um ponto alto: Deus como paciente.

ZEBAHL: Estou envergonhado. Estou envergonhado. Estou envergonhado.

ESTUDANTE 1: Ouvi dizer que o Senhor criou o mundo, Sr. Zebahl.

ZEBAHL: Sim, é minha culpa. Tudo é minha culpa. Sou todo poderoso.

ESTUDANTE 2 (*cruza as mãos sobre os órgãos genitais*): E eu sou a Virgem Maria.

ESTUDANTE 3: Eu sou Jesus. Movimentando os braços como asas. É a Ascensão.

ESTUDANTE 4 (*esticando a barriga para frente*): Eu sou o Papa em Roma.

Todos os quatro ajoelham-se diante da jaula:

PAI NOSSO QUE ESTAIS NO CÉU (*Estudantes riem.*)

PROFESSOR: Um hospício. O que poderia ser comprovado. Vamos, meus senhores.

Professor e estudantes saem.

ZEBAHL (*falando baixinho*): Sim, eu criei o mundo. Eu sou o idiota, eu sou o criminoso. Posso arrancar meus olhos e ainda assim continuo a ver vocês. Se pudesse morrer. Eu matei meu filho. Sou a merda de minha criação vômito de meus anjos pus em minhas harmonias. Sou o banco de carne. Sou o terremoto. Sou o animal. A guerra. Sou o deserto. (*Grito. Anjos negros povoam a sala de espetáculo e caem silenciosamente sobre o público.*)

"Et in arcadia ego"[14]: A Inspeção

Campo de beterrabas. Família de camponeses arrasta--se nos sulcos da terra. Na rampa do teatro foi instalado um púlpito, no campo, um bloco de mármore. Um coro de meninos toma posição, as bocas abertas para o canto. Um bando de pintores instala suas telas. Friedrich Schiller sobe ao púlpito, o escultor Schadow, junto ao bloco de mármore. Entrada de Frederico da Prússia com bengala, funcionários e Voltaire. Funcionários montam duas cadeiras dobráveis. Frederico e Voltaire tomam assento. Schiller recita, entre ataques de tosse, O Passeio[15]. O escultor Schadow trabalha no bloco de mármore, vez por outra

---

14 Horácio; tradução do latim: "Também eu estava em Arcádia". (Nota de Heiner Müller.)
15 O passeio/caminhada se tornou literariamente importante através da elegia: *O Passeio*, de Friedrich Schiller, na qual o poeta desenvolve sua filosofia da história. O passeio (termo de origem italiana *spaziare*, que remonta ao século XV), é uma caminhada, também um flanar ou passatempo. Caminha-se ou passeia-se em parques, na floresta, ao longo de lagos e riachos, mas também na cidade, como um *flâneur*. Um caminhante famoso foi Goethe "eu caminhava na floresta, assim comigo mesmo, nada procurando, era só este o sentido". Segue um trecho com tradução livre. Ver F. Schiller, *Der Spaziergang*. "O fantasma da lei no trono dos reis./Durante anos, séculos pode durar a múmia./Pode persistir a imagem enganosa da opulência viva./ Até que a natureza desperte e com mãos pesadas e éneas./Toque no edifício oco com a urgência do tempo./Como uma tigresa que rompeu a grade de ferro./Lembrando-se de repente e com pavor da floresta./Ela se ergue contra o ódio e a miséria dos delitos da humanidade./Procurando nas cinzas da cidade a natureza perdida. Estou realmente só?/Novamente em seus braços, natureza./E em seu coração me encontro./Era apenas um sonho que me surpreendeu e me fez estremecer."

observando uma camponesa que se ergue dos sulcos, esticando as costas. Quando ela não consegue mais se inclinar, devido às costas doloridas, o camponês a ajuda com um soco e ela cai de volta no sulco. Frederico assume uma atitude de realeza. Os pintores pintam. O coro de meninos canta: NÃO HÁ PAÍS MAIS BELO EM NOSSO TEMPO DO QUE ESTE EM TODA SUA EXTENSÃO.[16]
Frederico ergue-se, caminha solenemente, acentuando cada vez mais sua atitude de realeza, posando para os pintores. Isso lhe causa grande esforço pois, sofrendo de gota, (arthritis), *faz longas pausas, às vezes repetindo ou melhorando a pose. Começa a falar, olhando indignado para Schiller que, mesmo depois que o coro de meninos silencia, continua recitando na rampa do palco* O Passeio. *Funcionários esvaziam um saco com beterrabas e com ele cobrem a cabeça de Schiller. Ouve-se durante o que segue sua tosse seca a intervalos.*

FREDERICO: De fato, nenhum espetáculo alegra mais o olho do rei do que uma província em flor, habitada por um povo trabalhador que segue pacificamente com seu trabalho. Ao lado dos frutos da terra, germinam as artes... Oh beleza de minha Prússia! Não estou utilizando o pronome possessivo enquanto tal, meu querido Voltaire, mas antes com vistas à unidade *unité* entre o Estado e o povo, da qual a Prússia dá um exemplo ao mundo. O povo sou eu, caso saiba o que estou dizendo. (*Aplauso dos funcionários. Frederico com megafone, para os camponeses.*) As laranjas tiveram uma boa colheita, não é?

---

16 Canção popular alemã muito conhecida cuja recolha é atribuída a Anton Wilhelm Zuccalmaglio, publicada pela primeira vez em 1840. Até hoje, a canção pode ser encontrada em quase todas as coleções de canções alemãs. Ela descreve a imagem ideal de encontros entre amigos e a natureza. Os cantores falam de sua esperança por novos encontros e pedem a benção a Deus. O título de Heiner Müller traz os dois primeiros versos, em alemão: *kein schöner land in dieser zeit/ als hier das unsre weit und breit.*

CAMPONÊS (*com porte marcial, com ele, sua família*): Às vossas ordens, Majestade, são beterrabas.
FREDERICO: Ele disse beterrabas.

>CRIANÇAS CAMPONESAS (7) UM DOIS TRÊS QUATRO CINCO SEIS SETE UMA CAMPONESA COZINHA BETERRABAS.[17]

FREDERICO: Vamos ver isso. Experimente. (*Joga uma beterraba para o camponês. O camponês come a beterraba.*) Estão gostosas as suas laranjas, bastardo?
CAMPONÊS (*cuspindo dentes*): As laranjas estão gostosas, Majestade. (*Voltaire vomita na rampa.*)
FREDERICO (*para o camponês*): Bravo! Uma dança camponesa para o nosso hóspede da França.

> *Estendem-lhe uma flauta. Os funcionários colocam cabeças de galos nos homens camponeses, na camponesa e nas crianças. Frederico toca uma dança camponesa rebelde. Voltaire tapa os ouvidos. A família camponesa dança nos sulcos da terra. Aplausos, também de Voltaire. Os camponeses devolvem as cabeças de galo aos funcionários.*

FREDERICO (*para Voltaire*): Um povo amante da arte, estes meus prussianos. (*Para o camponês.*) Experimente com bananas no ano que vem.

> *Frederico quer sair, quando um pintor lhe mostra sua tela. Frederico, depois de dar uma olhada no quadro, aponta com a bengala para a estátua que agora pode ser reconhecida: um ato classicista.*

FREDERICO: Arte é beleza. Dez chibatadas para o pintor de garatujas.

> *Um funcionário bate com a tela na cabeça do pintor, seus colegas pintam seu rosto de preto. Saída.*

---

17 As crianças falam versos rimados populares, em alemão: *eins zwei drei vier fünf sechs sieben/ eine bauernfrau kocht rüben.*

ET IN ARCADIA EGO. *Apontando para a plateia.* Vede o gado pastando em paz. A Prússia, uma pátria para o povo e para o gado. E o Senhor pode dizer que esteve conosco, meu querido Voltaire.
VOLTAIRE (*pegando uma beterraba*): Um souvenir. A laranja prussiana.

Saem todos. Apenas Schiller e os camponeses permanecem no palco. O camponês fala com voz desafinada, derrubando a estátua, tocando a mulher e as crianças com socos para que trabalhem mais rápido. Schiller, sem púlpito, com o saco sobre a cabeça, tosse na rampa do palco.

Frederico, o Grande

Fuga no quarto através de uma porta estreita em Sanssouci. À frente, o conselho de Estado: criaturas e conselheiros, com papel na mão. Som de batidas do coração e da respiração do rei moribundo. Coro em tom sussurrado do conselho de Estado, em crescendo. "Ele está esticando as canelas! Ele está esticando as canelas! Ele está esticando as canelas!" *O som das batidas do coração e da respiração é interrompido. Silêncio. Vento que arranca o papel das mãos dos conselheiros de Estado, e o papel voa e esvoaça sobre o palco. O conselho de Estado vai à caça do papel. Mais papel voa pelo palco até a plateia. Cortina com o gavião negro.*

HEINRICH VON KLEIST[18] INTERPRETA MICHAEL KOHLHAAS[19]

18 Heinrich von Kleist (1777-1811) foi poeta, dramaturgo, novelista, contista alemão. Um dos prêmios literários mais importantes atualmente na Alemanha presta homenagem a ele.
19 Michael Kohlhaas foi publicado em 1810, sendo que esse conto é considerado um dos mais importantes da língua alemã. O comerciante de cavalos Michael Kohlhaas, figura legendária do século XVI, ressuscitado pelo gênio inventivo de Kleist, é um homem simples e justo, com modos de camponês. Ele está conduzindo uma tropa de cavalos em direção à Saxônia, quando é detido por um nobre oficial ▶

Margem abandonada (lago perto de Straussberg). Kleist, de uniforme. Boneco representando Kleist. Boneco representando mulher. Boneco representando cavalo. Cadafalso. Kleist toca no rosto, peito, mãos, sexo do boneco representando Kleist. Acaricia, beija, abraça o boneco representando mulher. Decepa com a espada a cabeça do boneco representando cavalo. Arranca o coração do boneco representando mulher e devora-o. Arranca o uniforme do corpo, enlaça a cabeça do boneco representando Kleist com o casaco do uniforme, coloca a cabeça do cavalo sobre ela, espicaça com a espada o boneco representando Kleist. Tripas e veias brotam daí. Derruba a cabeça de cavalo, coloca a peruca (de cabelos longos até o chão) no boneco representando mulher, quebra a espada no joelho, vai até o cadafalso. Tira a peruca, espalha o cabelo de mulher sobre o cadafalso, dá uma mordida abrindo seu pulso, segura o braço do qual escorre serragem sobre o cabelo da mulher no cadafalso. Das gambiarras é jogado um pano cinza sobre a cena no qual se espalha rapidamente uma mancha vermelha.

Sono Sonho Grito de Lessing

1

PROJEÇÃO (NARRADOR): LESSING TEVE DURANTE TODA SUA VIDA UM SONO MUITO REPARADOR QUE ACORRIA LOGO QUE

▷ que o acusa de não ter documentos. O oficial obriga Kohlhaas a deixar dois cavalos como soldo. Em Dresden, Kohlhaas descobre que esse soldo era totalmente arbitrário e exige a devolução dos cavalos. Ao chegar ao castelo do oficial, descobre que os cavalos foram submetidos a maus tratos, e seu cuidador, chicoteado. Não consegue seu intento e sua esposa que intercedera por ele é abatida por um guarda. Kohlhaas inicia uma guerra privada, destruindo o castelo do oficial que nesse meio tempo fugiu. Kohlhaas liberta seus cavalos, mas não consegue prender o oficial. Kohlhaas é preso, por influência do oficial, e condenado à morte.

FECHAVA OS OLHOS ELE ME ASSEGUROU QUE NUNCA SONHOU E QUE ESTA FELICIDADE O ACOMPANHOU ATÉ O FINAL E DISSE QUE SE DORMISSE O DIA TODO AINDA ASSIM SE ALEGRAVA COM A NOITE QUE ESTAVA POR VIR

Ator é maquiado (máscara de Lessing) e veste indumentária. Contrarregras trazem mesa e cadeiras.

ATOR (*lê*): Meu nome é Gotthold Ephraim Lessing. Tenho quarenta e sete anos de idade. Fiz o enchimento de uma ou duas dúzias de bonecos com serragem que era meu sangue, sonhei um sonho de teatro na Alemanha e refleti publicamente sobre coisas que não me interessavam. Isso agora acabou. Ontem vi sobre a minha pele uma mancha vermelha, um pedaço de deserto: a morte inicia. Ou melhor, se torna mais rápida. Devo dizer que estou de acordo com ela. Uma vida é o suficiente. Vi surgir uma época após a outra, de todos os poros sangue, merda, suor em cada uma delas. A história cavalga sobre cavalos mortos para o seu destino. Eu vi o inferno das mulheres. A mulher na forca. A mulher com os pulsos cortados. A mulher com overdose SOBRE OS LÁBIOS DE NEVE. A mulher com a cabeça no fogão a gás. Por trinta anos tentei ficar distante do abismo através de palavras, doente com o câncer do pó dos arquivos e da cinza que esvoaça dos livros, amordaçando meu crescente asco pela literatura, incendiado por minha saudade crescente pelo silêncio. Invejei surdos-mudos pela sua quietude durante a falação nas academias. E nas camas das muitas mulheres que não amei, pelo seu coito mudo. Começo a esquecer de meu texto. Sou uma peneira. Cada vez mais palavras passam por ela. Logo não ouvirei nenhuma outra voz além da minha, que busca por palavras esquecidas. (*Amigos entram em cena, debatem mudos, ocupam as cadeiras.*) Estes são meus amigos. (*Amigos fazem um cumprimento.*) Há algum tempo começo a esquecer de seus nomes. (*Amigos vestem máscaras de meia sobre os rostos.*) Esquecer é sábio. Quem mais rapidamente esquece são os deuses. Dormir é bom. A morte é uma mulher. (*Ator congela com a máscara de Lessing, amigos em poses de debate.*)

2

PROJEÇÃO (NARRADOR): DA PRÚSSIA DO SEGUNDO FREDERICO OURO PARA O PASSO DE GANSO PRATA PARA A CORRIDA A COXIAS LESSING CHEGA À AMÉRICA OS PRUSSIANOS SE TORNARÃO FAMOSOS COMO PAÍS DA BATATA EM UM CEMITÉRIO DE AUTOMÓVEIS EM DAKOTA ELE ENCONTRA O ÚLTIMO PRESIDENTE DOS EUA

Cemitério de automóveis. Cadeira elétrica, nela um robô sem rosto. Entre os destroços de automóveis, personagens do teatro e estrelas de cinema em diferentes poses de acidentes. Música: "Welcome My Son Welcome to Machine" (de Pink Floyd, álbum Wish You Were Here). *Lessing com Natã, o Sábio, e Emília Galotti, nomes pregados sobre o figurino.*

EMILIA GALOTTI (*recitando*): Violência! Violência! Quem não haverá de enfrentar a violência? Aquilo que chamamos violência não é nada: sedução é a violência verdadeira! Eu tenho sangue, meu pai, um sangue tão jovem, tão quente. Também meus sentidos são sentidos. Morro por nada. Não sirvo para nada... Dá-me, Senhor meu pai, dá-me esta espada...

NATÃ (*recitando, ao mesmo tempo, o final da parábola do anel*[20]): Portanto...

---

20 A respeito dessa parábola: "Vão em frente! Meu conselho, porém, é o seguinte: tomem a coisa como ela se apresenta. Cada um de vocês tem o anel de seu pai, de modo que cada qual crê com certeza que seu anel é o autêntico. É possível que o pai não quisesse mais tolerar a tirania de um anel único em sua casa! E sem dúvida ele amava ▶

Sirene de polícia. Emília e Natã trocam suas cabeças, despem, abraçam, matam um ao outro: luz branca. Morte da máquina na cadeira elétrica. O palco fica escuro.

VOZ (E PROJEÇÃO): HORA DA INCANDESCÊNCIA BÚFALOS MORTOS NOS CANYONS ESQUADRÃO DE DENTES DE TUBARÕES NA LUZ NEGRA OS JACARÉS MEUS AMIGOS GRAMÁTICA DOS TERREMOTOS CASAMENTO DE FOGO E ÁGUA HOMENS DE CARNE NOVA LAUTREAMONTMALDOROR[21] DUQUE DE ATLANTIS FILHO DOS MORTOS

ᴲ

PROJEÇÃO APOTEOSE ESPÁRTACO UM FRAGMENTO

Sobre o palco, um monte de areia que cobre um torso. Contrarregras vestidos como público esvaziam baldes e sacos de areia sobre o monte, ao mesmo tempo que serventes apresentam no palco bustos de poetas e pensadores. Lessing revolve a areia, desenterra uma mão, um braço. Os serventes, agora com elmos, experimentam em Lessing um busto de Lessing que cobre sua cabeça e ombros. Lessing ajoelhado faz tentativas vãs para se libertar do

▷ vocês, a todos os três, e os amava igualmente: visto que não quis preterir dois para favorecer apenas um. É isso! Que cada um de vocês rivalize com ele apenas no amor incorrupto, livre de preconceitos. Que cada um de vocês se esforce nesse desafio a pôr à mostra o poder da pedra de seu anel. Que venha em ajuda desse poder com benignidade, com cordial espírito de conciliação, com prática do bem, com a mais estranhada devoção a Deus! E quando então o poder do anel se revelar aos filhos de seus filhos de seus filhos, daqui a mil, mil anos, eu os convidarei de novo a comparecer perante este tribunal. Então, um homem mais sábio do que eu estará sentado aqui e lhes falará. Podem ir! Assim disse o modesto juiz!"

21 Conde de Lautréamont (Montevidéu, 1846-Paris, 1870) foi um poeta uruguaio que viveu na França. É autor dos *Contos de Maldoror*. Sua poesia era apreciada por André Breton, que o considerava como um dos precursores do surrealismo. O autor se transformou numa referência, principalmente entre os intelectuais apreciadores do gênero mais subversivo da literatura, tornando-se *cult*.

busto. Ouve-se do bronze seu grito abafado. Aplauso dos serventes e contrarregras.

NOTA

Frederico II pode ser representado por uma mulher ou como príncipe por um homem (jovem), como rei por uma mulher. No segundo caso, o intérprete do príncipe Frederico também pode representar Kleist na pantomima. Gundling, psiquiatra, Schiller, Lessing 1 (ator que é maquiado como Lessing) e Lessing 2 (Lessing na América) pelo mesmo intérprete, Lessing 3 (apoteose) pelo intérprete do Príncipe Frederico e Kleist. As partes do tríptico de Lessing não devem ser construídas em um mesmo lugar um após o outro, mas sim através de cenas simultâneas: enquanto o ator é maquiado como Lessing, é feita a montagem do cemitério de automóveis; durante a recitação de Emília Galotti e Natã, os contrarregras (plateia) montam o torso de Espártaco sobre o monte de areia.
Depois da imagem do hospício, os atores podem improvisar um mundo melhor através de um jogo de pastoral[22].

---

22 Jogo bucólico.

"O Torso de Lessing"

> A história só pode ser representada no teatro
> como simultaneidade entre passado, presente
> e futuro, assim ela se torna visível.
>
> HEINER MÜLLER

Gotthold Ephraim Lessing e Heiner Müller nasceram no dia 29 de janeiro, na Saxônia: o primeiro em 1729 e o segundo em 1929. Dois séculos separam os dois dramaturgos. Lessing e Müller viveram como saxões na Prússia, em estados autoritários. Lessing considerava a Prússia de Frederico, o Grande, como o país mais escravocrata da Europa. É significativo o título da biografia escrita por Müller: *Guerra Sem Batalha: Vida Entre Duas Ditaduras*.

Ambos foram teóricos do teatro. Os escritos teóricos de Lessing – *Laocoonte ou Os Limites da Pintura e Poesia* e *A Dramaturgia de Hamburgo* – constam entre os textos teóricos mais importantes de toda a literatura alemã. Aquilo que Lessing dizia, sobre as peças e os dramaturgos, ia muito além do pretexto da noite de teatro. Nasceu aí uma teoria aforística do processo da dramaturgia alemã e uma orientação prática para a sua realização. As peças de Lessing – *Natã, o Sábio*; *Emília Galotti*; e *Minna von Barnhelm* – são até hoje encenadas ininterruptamente na Alemanha.

Com a idade de 47 anos, Lessing ainda sonhava com o teatro, apesar da famosa afirmação que faz na última carta de *A Dramaturgia de Hamburgo*: "o doce sonho de fundar um teatro nacional aqui em

Hamburgo já desapareceu [...]"[1]. Heiner Müller escreve a respeito de sua peça: *Leben Gundlings Friedrich von Preussen. Lessings Schlaf Traum Schrei. Ein Greuelmärchen* (Vida de Gundling Frederico da Prússia. Sono Sonho Grito de Lessing. Um Conto de Horror) "eu tive [...] um sonho do teatro na Alemanha [...] ele agora acabou"[2]. *Vida de Gundling Frederico da Prússia* foi escrita em 1976, na Bulgária. Seu título é cumulativo, em forma de *cluster* ou constelação: fusão de textos curtos, aparentemente desconexos, encabeçados por um título.

Frederico Guilherme I, rei da Prússia; o jovem Frederico, filho de Frederico Guilherme e herdeiro deste, que receberia o cognome de Frederico, o Grande; Guilhermina, sua irmã; Gundling[3]; Katte[4]; e Erich Kleist[5] são personagens da peça ao lado de oficiais, soldados e uma mulher da saxônia. Voltaire entra também como personagem além de textos citados de Racine, admirados que foram pelo rei da Prússia.

A devastação da natureza e da espécie humana é tematizada por Müller através da elegia *O Passeio*, de Friedrich Schiller. Por

1 G.E. Lessing, *Dramaturgia de Hamburgo*, p. 656.
2 H. Müller, *Guerra Sem Batalha: Uma Vida Entre Duas Ditaduras*, p. 196-197.
3 Jacob Paul Freiherr von Gundling (1673-1731) foi camareiro do rei Frederico Guilherme I da Prússia. A historiografia descreve Gundling como um intrigante da corte, que tinha plena consciência de seu poder e influência junto ao rei, e sabia utilizar isso muito bem para seu proveito. Mas, aos poucos, foi decaindo, a ponto de o cortesão não mais ser levado a sério e tornar-se bobo da corte. Procurou refugiar-se no álcool, o que piorou os ataques dos outros cortesãos.
4 Hans Hermann von Katte. No ano de 1730, houve divergências entre Frederico Guilherme, rei da Prússia, e seu filho e herdeiro do trono, Frederico (que viria a ser Frederico, o Grande). O filho quis fugir em 1729 com o tenente Hans Hermann von Katte. Mas a fuga malogrou, e o amigo de Frederico foi julgado. O rei havia determinado a pena de morte, obrigando Frederico a presenciar a pena de morte do seu amigo Katte, evento histórico retratado por Müller na peça *Vida de Gundling Frederico da Prússia*.
5 Erich Kleist nasceu em 1912, em Rövershagen, região de Rostock, que viria a ser território da República Democrática Alemã. Deportado para a Sibéria, ele passou, em períodos alternados, por campos de concentração na Sibéria. De origem operária, marceneiro, preparava os caixões de madeira no gulag soviético, até que os mortos pelo serviço secreto soviético se tornassem tão numerosos que passaram a ser jogados, enrolados em trapos, sobre carroças que os transportavam para valas comuns. Ele festejou seus cem anos de vida em 2012.

meio dessa elegia, o escritor clássico alemão desenvolve sua filosofia da história. Um palimpsesto (em forma de pantomima) inspirado no conto "Michael Kohlhaas", de Heinrich von Kleist, torna também esse escritor clássico alemão protagonista da peça de Müller.

A última parte da peça põe em cena o encontro de Lessing com duas de suas personagens – Natã, o Sábio, e Emília Galotti – e com o último presidente dos Estados Unidos, significativamente um robô, em um cemitério de automóveis em Dakota, EUA.

A voz do narrador invoca minorias étnicas (o índio americano representado pelo búfalo); Rimbaud (*Casamento de Fogo e Água*)[6], Lautréamont (*Lautréamontmaldoror*) e Artaud (*Duque de Atlântida*)[7].

O grito abafado de Lessing representado por um torso meio soterrado pela areia dos tempos penetra a ação muda no final da peça:

> *Sobre o palco, um monte de areia que cobre um torso. Contrarregras vestidos como público esvaziam baldes e sacos de areia sobre o monte, ao mesmo tempo que serventes apresentam no palco bustos de poetas e pensadores. Lessing revolve a areia, desenterra uma mão, um braço. Os serventes, agora com elmos, experimentam em Lessing um busto de Lessing que cobre sua cabeça e ombros. Lessing ajoelhado faz tentativas vãs para se libertar do busto. Ouve-se do bronze seu grito abafado. Aplauso dos serventes e contrarregras.*[8]

6 Em lugar do racionalismo iluminista sobre o qual repousa a teoria da revolução europeia, o que é irracional e malvado poderá levar ao fim da velha história, permitindo uma nova criação do homem, o nascimento do "homem de nova carne" em um segundo casamento cósmico, abrindo para o *Casamento de Fogo e Água*, o qual Rimbaud sonhou nos cantos de *Uma Temporada no Inferno*.

7 Akata é o último sobrevivente de Atlântida, esse misterioso reino submarino com suas riquezas ocultas e uma mágica fonte de energia, o pó de ouro. O interesse pelo tema Atlântida que, com algumas exceções, está sempre intimamente ligado à imagem da decadência, cresceu nos anos 1980. Heiner Müller aponta para ele que decorre da situação política e social, ou seja, da decepção com a história ou o medo do futuro incerto. Nos anos 1980, o interesse se deve, sobretudo, ao aspecto da decadência – o que não admira, diante da época na qual se tornam cada vez mais evidentes as possibilidades de que o homem se desenvolveu para a destruição de sua espécie. Ver I.D. Koudela, *Heiner Müller: O Espanto no Teatro*, p. 57 e 81-85.

8 Ver supra, p. 47-48.

Esse grito aparentemente submerge através do "aplauso de serventes e contrarregras" (de acordo com a rubrica de Müller), mas a crítica à política de poder prussiana de Lessing, de quem é cortada a palavra, permanece ressoando. Embora esse grito possa ser entendido como protesto contra a mumificação museológica do escritor, ele expressa, no plano político-estético, o mais profundo desespero. Por meio do grito, a personagem Lessing torna-se objeto e vítima da ordem social contemporânea. O homem frustrado permanece como torso, imóvel.

De acordo com Müller:

> O importante é que o jovem Frederico, Kleist e Lessing são uma mesma figura, representadas por um ator – três representações de um sonho prussiano, que depois foi sufocado pelo Estado na aliança com a Rússia, contra Napoleão. É um erro considerar a peça uma montagem de partes. Interessantes são as interconexões fluidas entre as partes.[9]

Müller acentua a dimensão autobiográfica de seu texto:

> Quando leio a peça novamente ou quando a cito, noto que ela me toca mais do que muitos outros textos. Não posso falar dela de forma distanciada. Esse é talvez um ponto sobre o qual eu deva refletir. O que acontece comigo quando escrevo algo assim? Quando cito algo de Gundling fico triste; nessa peça existe compaixão. Compaixão com tudo o que é descrito na peça. Em muitos aspectos é também um autorretrato, até a figura de Natã e de Emília, essa troca de cabeças, o homem idoso e a jovem [...], trata-se mais de experiência que de conhecimento. Na assembleia da Associação de Escritores em 1961 [...], Kurella disse uma frase que me atingiu profundamente [...], desse texto transpira uma enorme náusea da realidade. Desse asco nasce a necessidade de fazer a realidade tornar-se impossível.[10]

---

9 H. Müller, op. cit., p. 196-197.
10 Ibidem.

A formulação de Heiner Müller de que a tarefa da arte é a de tornar a realidade impossível aponta para o potencial do teatro como espaço que trabalha de mãos dadas com as impossibilidades da realidade, oferecendo assim um gesto no qual o político reassume a sua força. Como práxis talvez esse gesto seja impotente, mas o espaço vazio assim aberto assume significado político.

Embora as referências autobiográficas possam dar pistas, a recepção de Müller parte da história da filosofia de Benjamin, que não se fundamenta na atualização da tradição, mas sim na libertação de seu potencial subversivo e revolucionário, o qual é silenciado pelos poderosos. Este é o núcleo incandescente do diálogo de Müller com Lessing.

De acordo com Röhl:

> Além de focalizar uma das obsessões do autor, a herança prussiana do servilismo, a exemplo de Gundling, presidente da Academia de Ciências da Prússia, a peça explora a impotência dos intelectuais na corte prussiana, a educação e o reinado do rei soldado Frederico, o Grande, o déspota esclarecido admirador de Voltaire e Racine e o papel do artista na época da *Aufklärung* (Iluminismo) personificado por Lessing. O tratamento indigno conferido aos intelectuais está de certa forma ligado à dramatização da história do corpo na Prússia da *Aufklärung*, dadas as duas estratégias de submissão aí empregadas: o uso público da violência, para humilhar e denegrir o adversário político.[11]

Assim Frederico Guilherme dirige-se ao seu filho:

> Toma por exemplo de como
> tratar os eruditos. Deve aprender a arte de
> reinar quando eu consinto, como diz o pregador da
> corte, com meu Deus, ou com o nada.

---

11 R. Röhl, *O Teatro de Heiner Müller*, p. 156.

Encurtar as patas do povo, à besta desdentada. Fazer a inteligência de imbecil para que o povaréu não chegue a ter ideias. Lembre-se disso quando andar por aí empolado com seus trastes de tragédias. Eu quero que se torne homem. Está novamente roendo as unhas? Vou lhe mostrar.[12]

Decisivo para o diálogo de Müller com Lessing é o texto de "Wie die Alten den Tod gebildet" (Como os Antigos Deram Forma à Morte). Esse estudo foi escrito por Lessing como um apêndice para *Laocoonte*, que havia sido publicado três anos antes. Trata aqui da relação entre morte e terror nas artes:

> Da mesma forma como é certo que foi a religião que fez o homem descobrir que a morte natural é fruto do medo e soldo do pecado isto fez com que o terror da morte se multiplicasse infinitamente. Houve sábios mundanos que consideraram a vida como um castigo, mas considerar a morte como um castigo não poderia vir sem a Revelação à mente de homem nenhum que utilizasse a sua razão.[13]

De acordo com Lessing, é somente através da Revelação, ou seja, da proclamação das leis de Moisés, e depois, com a renovação do pacto entre Deus e a humanidade por meio de Cristo, que a morte se tornou um acontecimento terrível. Sem a Revelação, a morte não causaria terror.

Lessing conclama os artistas a promoverem o fim do terror a partir de seu confronto com os antigos, por uma libertação da morte. As duas formas de libertação – tanto da morte como dos mortos – são utopias de ambos os dramaturgos. A diferença é que a libertação de Lessing é primariamente estética, enquanto a de Müller possui cunho político.

---

12 Supra, p. 22.
13 G.E. Lessing, Wie die Alten den Tod gebildet, *Werke in einem Band. 1767-1769*, p. 715-778.

Lessing trabalha no final dos anos 1760 com a domesticação burguesa do terror. Antes disso, em "A Dramaturgia de Hamburgo", havia tentado sistematicamente excomungar o terror da poética dramatúrgica, estabelecendo em lugar dela a *furcht* (o medo) como categoria essencial do *trauerspiel* (tragédia burguesa), ao lado do *mitleid* (compaixão):

> [Aristóteles] foi mal entendido, mal traduzido. Fala de compaixão e medo, e não de compaixão e terror; o medo, nele, não é de modo algum o medo que o mal iminente de outrem desperta por esse outrem, porém o medo por nós próprios, que brota de nossa semelhança com a personagem sofredora; é o medo de que as calamidades a ela destinadas nos possam atingir a nós mesmos; [...]. Numa palavra: esse medo é a compaixão referida a nós mesmos.[14]

Müller aponta para Lessing como uma figura que desperta compaixão. Por outro lado, rebela-se contra as tentativas de veneração de Lessing como autor clássico, tornando assim livre o olhar para o homem. É o que torna, também na visão de Lessing, as personagens burguesas passíveis de serem objeto de compaixão. Mas Lessing manifesta suas observações sobre essa tipologia dramatúrgica a partir de um horizonte de experiência totalmente diverso. Seu conceito de *Trauerspiel* na correspondência com Mendelssohn e Nicolai é totalmente diferente daquele de Müller, como demonstra o conceito de compaixão, próximo, mas de forma alguma idêntico entre ambos.

De acordo com Hans-Thies Lehmann, em *Teatro Pós-Dramático*, a obra de Heiner Müller é repleta de anjos, fantasmas, espíritos, no limite entre o ser e o não ser. A aparição de fantasmas pertence à tradição do teatro. A aparição do reino dos mortos no teatro grego perfura o presente dos heróis no palco, mensageiros de um passado que exigem um futuro. A tragédia grega é, para Müller, essencialmente uma invocação dos mortos. Os velhos gregos povoam o palco com mortos e cobrem seus rostos com máscaras, na formulação de Lehmann. Através da invocação há um exorcismo, a libertação de mortos ameaçadores,

---

14 Idem, Dramaturgia de Hamburgo, *Lessing: Obras, Crítica e Criação*, p. 605.

com o objetivo de superar uma época. A escritura de Müller responde ao diálogo com escrituras anteriores, como ele mesmo acentua. Ao escrever, os ancestrais escrevem junto com ele a culpa e os mortos de sua história: *Macbeth, Hamlet, Titus Andronicus, Heracles, Filoctetis, Édipo, Prometeu* e *Vida de Gundling Frederico da Prússia.*

Outras características do texto de Müller são a intertextualidade e a inserção da trivialidade cultural. Na sua linguagem, as frases artisticamente construídas e altamente dramáticas e densas são muitas vezes interrompidas de modo abrupto por *slogans* batidos ou enunciados populares.

Em *Vida de Gundling Frederico da Prússia* são reunidos o drama trágico do iluminista Lessing, o lixo cotidiano e feio do modernismo e a música rock de Pink Floyd, entre outras. Nesse mesmo texto, a dramaturgia-montagem, que apresenta descontinuidade de tempo/espaço, gera uma atmosfera surreal. O grau de realidade das personagens e acontecimentos oscila de forma difusa entre realidade, sonho e fantasia. O palco torna-se o ponto de encontro para fantasmas e citados para além de qualquer tempo/espaço homogêneo.

Como *bricoleur* da literatura, Müller cria, a partir de materiais colecionados, um *synthetisches fragment* (fragmento sintético). A ruptura com a história é acompanhada, na estética mülleriana, pelo rompimento com a forma dramática: "Não acredito que uma história que tenha pé e cabeça (a fábula, no sentido clássico) ainda seja fiel à realidade."[15]

Müller não procede a uma simples colagem. No interior do nível sintagmático, há bricolagem literária. Como colecionador de citados, Müller monta, dos cacos da história, a literatura do fragmento sintético que abre caminho para um novo discurso, ao encontrar o seu *topo* destruindo o sentido de totalidade e provocando feridas nos textos.

O trabalho com o fragmento provoca a colisão instantânea de tempos heterogêneos, possibilitando a revisão crítica do presente à luz do passado. A própria obra executa assim a interrupção de si mesma, obrigando o olhar do fruidor a construir a sua interpretação,

---

15 H. Müller, *Heiner Müller Material*, p. 199.

transformando a contemplação em atitude participativa. A imagem não se impõe em seu contexto dramático, provocando identificação. Ao contrário, a fragmentação exige decodificação cujo caráter paradoxal leva ao espanto.

Trata-se de um trabalho (político) através do qual a estética do teatro ilumina as implicações do espectador, sua responsabilidade latente. Ou seja, a recepção da dramaturgia deve diferenciar-se de outras formas literárias na sua especificidade. Isso significa ao mesmo tempo não acomodação a formas de representação tradicionais. Na dicção de Müller: "a literatura deve oferecer resistência ao teatro"[16]. Daí não encontrarmos mais referências sobre a forma de atuação, cenário etc. As rubricas, tradicionalmente indicações cênicas, são transformadas em texto poético.

O fragmento torna-se assim produtor de sentidos, abrindo-se à subjetividade do receptor, correspondendo ao que Müller chama de "espaços livres para a fantasia", em sua opinião, uma tarefa eminentemente política, uma vez que age contra clichês pré-fabricados e padrões produzidos pela mídia.

Para Müller, o teatro deve traduzir o *cronos* em outro tempo, ou seja, gerar simultaneidade entre passado, presente e futuro – só assim a História se torna visível. Trata-se de uma dissolução dos planos do tempo em um novo tempo teatral.

Através de *Vida de Gundling Frederico da Prússia*, Müller também se aproxima da tragédia. Mas, diferentemente de Lessing, ele não define o conceito de tragédia. Este só pode ser interpretado a partir de sua práxis como escritor.

Müller escreve contra um quadro histórico e um conceito de tragédia que visava ao culto aos heróis idealizados. O conceito de tragédia de Müller orienta-se a partir do conceito de *trauerspiel* de Benjamin[17]. *Vida de Gundling Frederico da Prússia* propõe uma forma de dramaturgia trágica que se articula com base no seu caráter alegórico, livre de catarse.

16 Ibidem.
17 Ver W. Benjamin, *Origem do Drama Barroco Alemão*.

Um dos mais belos textos de *Sobre o Conceito da História*, de Walter Benjamin, intitulado *Ângelus Novus* – nome tomado a uma aquarela de Paul Klee, que acompanhou Benjamin até o exílio –, é transformado em alegoria visual, que oferece uma imagem para meditação por Müller:

> Atrás dele aborda o passado, esparramando pedregulho sobre asas e ombros, com um barulho como de tambores enterrados, enquanto diante dele o futuro está represado, afunda os olhos, dinamita os glóbulos como uma estrela, torce a palavra como uma mordaça, asfixia com sua respiração. Durante algum tempo ainda se vê o bater de asas, se ouve o ronco das pedreiras caindo atrás por sobre ele, tanto mais alto quanto o movimento vão fica isolado ao tornar-se lento. Então aquele momento fecha-se sobre ele; sobre o lugar rapidamente entulhado o anjo infeliz encontra paz, esperando pela história na petrificação do voo olhar respiração, até que um renovado rufar de poderoso bater de asas se propague em ondas através da pedra e anuncie o seu voo.[18]

A imagem aponta para o curto-circuito político e conceitual que enfrentamos na passagem do milênio. Hoje a realidade se tornou de tal forma complexa que o pensamento não mais encontra seu *topos*, já não mais discrimina entre relações relevantes e querelas de aparência. Essa falta de orientação causa medo.

> Nesse desamparo do pensamento reside também a chance de chegar a algo diferente – ao elo entre arte e filosofia que não pode mais ser desfeito [...] agora se torna possível reunir aquilo que o iluminismo separou com tanto cuidado [...] A primeira forma da esperança é o medo, a primeira aparição do novo, o espanto.[19]

Através do registro da continuidade do horror do passado, denunciado paradigmaticamente por Müller pelo personagem do *Anjo*

---

18 I.D. Koudela, *Heiner Müller: O Espanto no Teatro*, p. 65.
19 Ibidem, p. 48.

Sem Sorte, ele define a arte como perturbação do consenso, como instrumento de subversão: "A cegueira da experiência de Kafka é a legitimação de sua autenticidade. O olhar de Kafka como olhar para o sol, a incapacidade de olhar para o branco do olho da história, como fundamento da política."[20]

Müller elabora, em 1975, o material surrealista denominado por ele como *ungeheuer* (monstruoso) através de duas peças: *Vida de Gundling Frederico da Prússia* e *Descrição de Imagem*.

Müller produziu o quarto ato da peça *The Civil Wars*, de Robert Wilson (1984), mostrando-se entusiasmado com o que chama de *theater als prozess* (teatro como processo), no qual a tensão dramática criada entre palco e plateia é explicitada, em oposição ao que chama *theater als zustand* (teatro de situação), o que conserva uma estrutura historicamente anacrônica e mantém a dicotomia entre palco e plateia, sendo que os espectadores assumem uma postura meramente contemplativa.

O que entusiasmou Müller em Wilson foi a liberdade entre os elementos que compõem a cena, não interpretando, como diretor, nem permitindo que os atores o façam. A interpretação, na opinião de Müller, deveria ser tarefa única e exclusiva do público-receptor. Ela não deve ter lugar no palco.

Descrição de Imagem[21], por exemplo, oferece extrema resistência ao sentido devido à inflação do material. Antes que uma imagem se complete já surge a seguinte, e assim por diante, de forma que o espectador fica sem o arremate, sem a moldura que poderia facilitar sua leitura. É essa maior dificuldade que vai liberar a sua fantasia. *Descrição de Imagem* é uma reflexão sobre o *theatron*, o espaço do público receptor, ao pé da letra, *espaço de contemplação*: o texto não apresenta diálogo nem ação, mas um encontro dramático entre olhar e imagem.

O espaço do corpo no teatro é testemunhado por Müller através de sua reverência a Artaud: "sério é o caso de Artaud. Ele desapropriou

---

20 Ibidem, p. 50.
21 H. Müller, *Medeamaterial e Outros Textos*, p. 153-159.

a literatura da polícia, o teatro da medicina. Sob o sol da tortura, que ilumina simultaneamente todos os continentes deste planeta, seus textos florescem. Lidos a partir das ruínas da Europa, serão clássicos"[22].

A redução do diálogo dramático em favor do jogo de fragmentos, pela montagem de tempos, gêneros, níveis estilísticos e formas de representação heterogênea, dá a uma peça como A Missão o caráter de uma *constelação pós-moderna*. De acordo com Ruth Röhl:

> a base da representação pós-moderna é o modelo bakhtiniano do dialógico, não dialética resolvida. Respeitante ao público-receptor, a polissemia é também uma motivação ao prazer, à fruição da representação artística, que nunca ocorre numa recepção puramente passiva, mas quando depara com signos opacos, resistentes ao sentido[23].

Quando Robert Wilson e Heiner Müller encenaram, em 1984, *Civil Wars*, a peça *Vida de Gundling Frederico da Prússia* foi inserida em seu projeto[24].

---

22 Ibidem, p. 57.
23 Op. cit., p. 168.
24 Wilson começou a demonstrar o espectador independente através da estrutura de suas encenações. Em 1973, havia um espaço à disposição do público em sua encenação de *A Vida e a Época, de Josef Stálin*, na Brooklyn Academy of Music´s Opera House. Em sua apresentação no Teatro Municipal, em São Paulo, foi encenada como *A Vida e a Época de Dave Klark*, segundo Roberto Galizia, para evitar conflito com os censores do regime governamental reinante no Brasil à época. Os espectadores podiam sair da plateia durante a apresentação, que durava doze horas, não apenas durante os intervalos de quinze minutos para comer e beber como durante toda a apresentação. Quando Wilson encenou *Morte Destruição & Detroit*, em 1979, na Schaubühne, em Berlim, colocou cartazes no saguão que chamavam a atenção. O público podia ficar à vontade, sair da apresentação e entrar novamente, como quisesse. Quando *Civil Wars* foi apresentado, em 1985, nos EUA, perguntaram a Bob Wilson se desejava um público que tivesse pesadelos durante a apresentação, e ele respondeu: "penso que sim. O público é livre para tirar suas próprias conclusões. Não fazemos a apresentação para o observador [...] esta peça não conta uma história; ela conta muitas histórias e elas se complementam, talvez depois de chegar em casa [...] hoje o texto é na maior parte das vezes concebido em termos da palavra [...] no meu teatro, aquilo que vemos é tão importante como aquilo que escutamos. Aquilo que vemos não necessita estar relacionado àquilo que escutamos. Ambos podem ser independentes". Em *Heiner Müller Material*, p. 196.

Na biografia *Guerra Sem Batalha*, de Müller, encontramos:

> recebi uma carta (de Wilson) onde perguntava se eu poderia escrever a parte em alemão de *Civil Wars*, que deveria ser encenada em Colônia. A intenção era, nas encenações em diversas partes do mundo, colocar em evidência conhecidas famílias locais. Na parte alemã, Frederico, o Grande, deveria ser a figura dominante [...] foi mais um jogo do que trabalho, entre o acaso e a necessidade, mas não de qualquer maneira. Os textos de Wilson são – ele mesmo descreve isso muito bem – como o clima, que não se nota quando não incomoda, exatamente como a televisão americana, onde o significado atrapalha. O interessante na produção foi que ali se encontraram realmente dois elementos completamente diferentes, especialmente na última parte, onde visual e sonoramente duas máquinas trabalham uma contra a outra. Não funcionou, mas a perturbação transformou-se em tensão. Creio que foi para nós dois uma experiência importante, o retorno a jogos infantis, um ataque ao teatro tradicional. Um exemplo de colaboração bem-sucedida: Wilson tinha armado um quadro segundo uma pintura de Menzel, onde Frederico, o Grande, morre. O moribundo está numa poltrona enorme, em volta dele os conselheiros, o médico, um jovem oficial. O jovem oficial foi Ilse Ritter. A morte era a cabeça de Frederico caindo para trás com a boca aberta. Wilson disse: "Agora preciso de um texto." Dei-lhe o texto de *Fedra*, que foi usado em *Gundling*, a história de amor proibido. Agora ficou evidente, o jovem oficial era o não morto Katte, o texto, um diálogo entre dois mortos. Foi extraordinário como Wilson lidou com esse texto, que ele não conhecia em detalhes. Eu só lhe havia contado o conteúdo. Ele disse "Eles devem murmurar, depois da morte o morto murmura, o jovem oficial também." Depois ele quis que Ritter falasse doze linhas como se fazia no teatro alemão há cinquenta anos. Ilse Ritte fez isso. Depois, enquanto o rei estava pendurado, morto, na

cadeira, Ilse Ritter ia até o outro lado do palco e o diálogo era falado novamente, desta vez alto e com maldade, agressivo, cheio de ódio. Se colorirmos um texto com uma cor, depois o mesmo texto com outra cor, a superfície ativa o subterrâneo.[25]

Wilson e Müller afirmam as correspondências entre suas produções artísticas desde a década de 1970. Com certeza, independentes um do outro, talvez sem terem visto sequer as suas produções, tinham trabalhado em direção parecida. Duas coisas chamam a atenção: a estruturação na forma de sonho das ações e imagens e a liberdade conferida ao público leitor e/ou espectador. As estruturas das cenas são emancipadas de qualquer domínio autoritário de uma lógica e percepção cotidiana.

De acordo com Müller:

> o texto nunca é interpretado, é um material como a luz ou o som ou como a decoração ou uma cadeira. Ele deixa os textos em paz e quando os textos são bons, isso é bom para o texto. Ele é antes de tudo artista plástico, com o olhar enviesado, a força não vem da perspectiva central, e sim da causalidade transposta. O ator não deve submeter-se ao que o texto diz. É monótono quando um texto triste é falado em tom triste. Ele às vezes tem dificuldades com atores profissionais alemães. Treinados a reduzir um texto a um significado que esconde outros possíveis significados, tiram do espectador a liberdade de escolha[26].

O contexto cultural e histórico em que Wilson e Müller se movimentam vai do dadaísmo e do surrealismo até o que hoje é descrito como pós-dramático. À primeira vista, as diferenças entre ambos parecem marcantes. No entanto, as colagens visionárias de Wilson se aproximam dos textos de Müller, ao carregarem as experiências, medos e esperanças do século XX: o esvaziamento da linguagem,

---

25 H. Müller, *Guerra Sem Batalha*, p. 238-239.
26 Ibidem, p. 241.

o poder e a ambivalência da técnica e da ciência, o alerta da natureza ameaçada, as guerras devastadoras e as guerras dos indivíduos no âmbito privado.

O acento de Wilson e Müller é diferente. Müller se manifesta através da palavra, a qual só pode ocultar parcialmente a sua semântica. Já Wilson utiliza os materiais heterogêneos do teatro: o movimento dos corpos, objetos e sons a favor ou contra o elemento verbal. Wilson aponta para a diferença:

> em *Civil Wars* há dois tipos de textos. Um deles fui eu quem escrevi, o outro, Heiner Müller. Minhas são as palavras que são como o clima. Elas provocam certo tipo de atmosfera, algo sobre o qual não precisamos refletir, algo que basta ouvirmos, o que é outra coisa. É como música. Com os textos de Heiner é diferente. Ele é muito visual. Temos vontade de ouvi-lo e pensar sobre o conteúdo das palavras e imagens que evoca.[27]

O fato de ambos avaliarem de forma tão diferente as motivações de seu projeto comum, *Civil Wars*, são indicativas das diferenças. Müller escreveu em um telegrama a Wilson:

> Robert Wilson vem do lugar em que Ambrose Bierce desapareceu depois de ter visto os horrores da guerra civil. Ele volta com o terror debaixo da pele e seu teatro é uma ressurreição. Os mortos são libertados em *slow motion*, com a sabedoria dos contos de fadas de que a história da humanidade não pode ser separada da história dos animais (e plantas, pedras, máquinas). Com essa sabedoria, *Civil Wars* define o tema de nossa era: guerra entre as classes e raças, entre espécies e gêneros, guerra civil em todo sentido[28].

O teatro de Robert Wilson, tão ingênuo como elitizado, dança mordaz infantil e brincadeira de criança matemática, não

---

27 Idem, *Heiner Müller Material*, p. 199.
28 H. Müller em telegrama a Bob Wilson, *Heiner Müller Material*, p. 200.

faz diferença entre leigos e atores. Perspectiva de um teatro épico, como Brecht o concebeu e não realizou, com um mínimo de esforço dramatúrgico e além da perversidade de transformar um luxo em profissão. Os quadros de parede das minorias e a arte proletária do *subway*, anônima e feita com tinta roubada, ocupam um campo para além do mercado. Antecipação da miséria dos subprivilegiados é o *Reino da Liberdade*, que fica além dos privilegiados. Paródia da projeção de Marx da superação da arte numa sociedade cujos participantes são também artistas[29].

O bronze dos monumentos mata o espírito vivo das ideias. Lessing tenta se libertar do abraço de gesso, do embrulho em torno de seu corpo. Müller devolve a voz, estrangulada pela herança da história, ao iluminista Lessing através do grito e, ao final, o torso permanece abandonado em cena, ao lado de outros poetas clássicos.

No monólogo do ator, que é maquiado (máscara de Lessing), há uma simbiose entre Müller/Lessing:

> ATOR (*lê*): Meu nome é Gotthold Ephraim Lessing. Tenho quarenta e sete anos de idade. Fiz o enchimento de uma ou duas dúzias de bonecos com serragem que era meu sangue, sonhei um sonho de teatro na Alemanha e refleti publicamente sobre coisas que não me interessavam. Isso agora acabou. Ontem vi sobre a minha pele uma mancha vermelha, um pedaço de deserto: a morte inicia. Ou melhor, se torna mais rápida. Devo dizer que estou de acordo com ela. Uma vida é o suficiente. Vi surgir uma época após a outra, de todos os poros sangue, merda, suor em cada uma delas. A história cavalga sobre cavalos mortos para o seu destino. Eu vi o inferno das mulheres. A mulher na forca. A mulher com os pulsos cortados. A mulher com overdose SOBRE OS LÁBIOS DE NEVE. A mulher com a cabeça no fogão a gás. Por

---

[29] I.D. Koudela, *Heiner Müller. O Espanto no Teatro*, p. 47.

trinta anos tentei ficar distante do abismo através de palavras, doente com o câncer do pó dos arquivos e da cinza que esvoaça dos livros, amordaçando meu crescente asco pela literatura, incendiado por minha saudade crescente pelo silêncio. Invejei surdos-mudos pela sua quietude durante a falação nas academias. E nas camas das muitas mulheres que não amei, pelo seu coito mudo. Começo a esquecer de meu texto. Sou uma peneira. Cada vez mais palavras passam por ela. Logo não ouvirei nenhuma outra voz além da minha, que busca por palavras esquecidas. (*Amigos entram em cena, debatem mudos, ocupam as cadeiras.*) Estes são meus amigos. (*Amigos fazem um cumprimento.*) Há algum tempo começo a esquecer de seus nomes. (*Amigos vestem máscaras de meia sobre os rostos.*) Esquecer é sábio. Quem mais rapidamente esquece são os deuses. Dormir é bom. A morte é uma mulher. (*Ator congela com a máscara de Lessing, amigos em poses de debate.*)

O conto de horror de Müller apresenta, na colagem final, o grotesco na forma do ridículo:

> VOZ (E PROJEÇÃO): HORA DA INCANDESCÊNCIA BÚFALOS MORTOS NOS CANYONS ESQUADRÃO DE DENTES DE TUBARÕES NA LUZ NEGRA OS JACARÉS MEUS AMIGOS GRAMÁTICA DOS TERREMOTOS CASAMENTO DE FOGO E ÁGUA HOMENS DE CARNE NOVA LAUTREAMONTMALDOROR DUQUE DE ATLANTIS FILHO DOS MORTOS

O riso como liquidação da história. Ou será que as projeções, os fragmentos, apontam para uma vaga esperança – a distância da Europa e o exotismo de uma paisagem estrangeira? O casamento de fogo e água rimbaudiano, os cantos de Maldoror e Artaud – a fuga da civilização – África e a América Latina como sonho de Müller?

Sobre a Poética
do Fragmento em Müller

> *Nenhuma literatura é tão rica em fragmentos como a alemã. Isso tem a ver com o caráter fragmentário de nossa história (do teatro) na qual sempre ocorrem relações interrompidas entre literatura/teatro/público (sociedade). [...] a fragmentação de um acontecimento acentua seu caráter processual, impede o desaparecimento da produção no produto, o mercadejamento, torna a cópia um campo de experimentação através do qual o público pode coproduzir. Não acredito que uma história que tenha "pé e cabeça" (a fábula no sentido clássico) ainda seja capaz de dar conta da realidade...*

A observação apresentada na epígrafe acima foi feita por Heiner Müller em carta a Linzer, por ocasião da encenação de *Schlacht* (A Batalha), em 1975[1]. Optando pela *dialética poética do fragmento*, insere-se na tradição do fragmentário, que remonta, no que concerne à modernidade literária alemã, a seus fundadores, Schlegel e Novalis. Schlegel vê, no resultado de tal tradição, o movimento de uma pequena obra de arte a estender, qual um ouriço, seus espinhos

---

1 H. Müller, Phönix, *Heiner Müller Material*, p. 109.

críticos e provocadores em todas as direções; e Novalis a vê como projeto, conotando a ideia de espontaneidade e não acabamento. O fragmento é potencialmente uma semente literária, estimulando também o leitor a refazer ou levar adiante o ato de reflexão. A estética do fragmentário está, por sua vez, ligada à crítica do otimismo do progresso, e se processa dentro dos horizontes do materialismo histórico, nas obras de Bloch, Adorno, Horkheimer e Benjamin. A montagem moderna de fragmentos é vista como reflexo da desordem real, permitindo uma visão crítica da totalidade.

De acordo com Röhl[2], o trabalho com o fragmento tem, para Müller, várias funções. Uma delas, de grande importância, é a de impedir a indiferenciação das partes numa totalidade e ativar a participação do espectador.

Na verdade, trata-se de uma continuação radicalizada do teatro praticado por Brecht, visando ao efeito de estranhamento, de forma a evitar que a história se reduza ao palco. O fragmento torna-se aí produtor de sentidos, abrindo-se à subjetividade do receptor, correspondendo ao que Müller chama de *espaços livres para a fantasia*, em sua opinião, uma tarefa prioritariamente política, uma vez que age contra os clichês pré-fabricados e padrões produzidos pela mídia.

O trabalho com o fragmento provoca também a colisão instantânea de tempos heterogêneos, possibilitando a revisão crítica do presente à luz do passado. O princípio estético da *historicização* é uma das chaves para a operacionalização didática do conceito de estranhamento em Brecht[3].

Nesse sentido, é interessante remeter aos comentários de Brecht sobre "Verfrendungseffekt in den Erzählenden Bildern des Älteren Brugel" (O Efeito de Estranhamento nas Imagens Narrativas de Brüghel, o Velho).

> Se investigarmos os fundamentos dos contrastes pictóricos de Brüghel, nos apercebemos que apresentam contradições. Em

---

2 R. Röhl, Heiner Müller na Pós-Modernidade, em I.D. Koudela, *Heiner Müller: O Espanto no Teatro*, p. 34.
3 Ver I.D. Koudela (org.), *Um Voo Brechtiano*

A *Queda de Ícaro*, a catástrofe toma de assalto o idílio de tal forma que este fica acentuado, promovendo conhecimentos valiosos sobre o próprio idílio. Ele não permite à catástrofe transformar o idílio; ao contrário, este permanece inalterado, mantido indestrutível, apenas perturbado.

No grande quadro sobre a guerra, *A Louca Grete*, o clima de horror da guerra não guia o pincel do pintor ao mostrar a autora da fúria de guerra no seu desamparo e limitação, conferindo-lhe o caráter de serviçal. Dessa forma, cria um espanto mais profundo. Ao colocar na paisagem flamenga um massivo alpino ou ao opor à indumentária de época europeia a asiática antiga, uma denuncia a outra e a mostra em sua singularidade, mas, ao mesmo tempo, obtemos paisagem em geral, pessoas por todo lado.

Não é apenas uma disposição que parte de imagens como essas, mas uma multiplicidade de disposições. Mesmo quando Brüghel equilibra seus opostos, ele não os equipara uns aos outros.

Também não existe nele uma separação entre o trágico e o cômico; o seu trágico contém o cômico e seu cômico, o trágico.

Poucos outros pintores retrataram o mundo de forma tão bela quanto Brüghel, que representou a ocupação dos homens de modo tão avesso. Ele delegou aos seus seres humanos desajeitados, estúpidos, ignorantes – um mundo maravilhoso. A beleza da natureza adquire nele algo imponente, ainda não invadido; ela ainda não está dominada, ainda não foi infetada pelos homens.[4]

Na leitura da obra de Brüghel, Brecht busca um modelo que o ajuda a romper com a tradição do dramático e encontrar a nova forma do teatro épico. Nesse sentido, a formulação de Müller de que a *tarefa da arte é tornar a realidade impossível* aponta para o potencial do teatro como espaço que trabalha de mãos dadas com a impossibilidade da realidade, oferecendo assim um gesto no qual

---

4   Em B. Brecht, *Gesammelte Werke in 20 Bänden*, v. 18, p. 279.

o político reassume a sua força. Como práxis talvez esse gesto seja impotente, mas o espaço vazio assim aberto assume significado político. A perspectiva do teatro político como mimese da realidade é relativizada, aparecendo na arte e no teatro de forma indireta, através de um viés oblíquo. Ou seja, o político só se torna efetivo na arte e no teatro quando não é mais passível de ser traduzido ou vertido em lógica, sintaxe e conceituação do discurso político na realidade social.

Na didática simbólico-diabólica de Brüghel, Brecht encontra um modelo aparentemente paradoxal no qual o político não é mimese, mas sim interrupção do político. Vejamos seu comentário sobre a obra A *Queda de Ícaro*.

> A pequena dimensão deste acontecimento lendário (é necessário procurar o acidentado). As personagens se afastam do acontecimento. Bela representação da atenção que envolve o arar. O homem que está pescando à direita em frente tem uma relação especial com a água. O sol já no poente, que a muitos causou admiração, deve significar que a queda demorou muito tempo. De que outra forma representar que Ícaro voou alto demais? Já não se vê Dédalo há muito. Contemporâneos flamengos em uma paisagem sulina antiga. Beleza e alegria especial na paisagem durante o acontecimento terrível.[5]

A própria obra executa a interrupção de si mesma, obrigando o olhar do fruidor a construir a sua visão e interpretação, transformando a contemplação em atitude participativa. A imagem não se impõe em seu contexto dramático, provocando identificação. Ao contrário, a forma narrativa exige decodificação dos vários elementos cujo caráter paradoxal leva ao espanto.

Brecht pretende que seu teatro execute a interrupção de si mesmo como espetáculo. O teatro pode criar situações nas quais a inocência do espectador seja perturbada, colocada em questão.

---

5   Ibidem, p. 281.

Trata-se de um trabalho (político) através do qual a estética do teatro ilumina as implicações do espectador, sua responsabilidade latente.

A realidade do teatro brechtiano começa com o desaparecimento do triângulo drama/ação/imitação, através do qual o teatro era vítima do drama e o drama sucumbia ao conteúdo dramatizado. Nesse sentido, se autores como Brecht e Müller evitaram a forma dramática, é também por causa de suas implicações histórico-teleológicas.

Müller fala no *primado da metáfora*. Sua dramaturgia é constituída de máquinas de textos em constante movimento, *mais sábias do que o autor*. Sua semântica é cerrada, quase impossível de ser interpretada.

Ao leitor/espectador/atuante são negadas soluções. Isso gera, por parte da recepção da obra, um sentimento de profunda inquietação e alerta, não raro incompreensão e recusa.

Nesse contexto, é comum ouvirmos a reprimenda de que Müller escreve para um teatro de elite. Seu posicionamento diante dessa visão é inequívoco:

> Isso me parece um falso questionamento. Talvez devêssemos conversar, nesse caso, sobre o que significa "compreender" no teatro. Como compreendemos um texto? Não acredito que em algum momento um público [...] compreendeu um texto de Shakespeare no sentido de conceituá-lo frase por frase; não é disso que se trata [...]. Outro dia recebi a visita de um grupo de teatro [...], dele participava uma espanhola, que estava estudando alemão. Demos a ela um monólogo de Medea da peça *Verkommenes Ufer* (Margem Abandonada) e ela o leu, sem compreender o texto: aqui e ali ela entendia alguma coisa, mas apenas o essencial. Ela falava um alemão precário e por isso o texto não lhe parecia absolutamente difícil; esta era a sua situação e, com o tempo, ela compreendeu que isso não era mais uma brincadeira, era a realidade, e que não havia nenhum problema com a compreensão. Ou um outro exemplo: em uma escola de atores na República Democrática Alemã estavam ensaiando uma cena de *Der Bau* (A

Construção), e os estudantes acharam o texto incrivelmente intelectual e totalmente incompreensível. Então o diretor lhes disse que deviam ler o texto em *Blá Blá*. E de repente eles não tiveram mais nenhuma dificuldade. Eu acho que é preciso entregar-se ao texto e apropriar-se do texto, como atores. Quando na verdade os atores são treinados a colocar o texto em pé e se apropriam do texto, cuspindo-o em seguida com a própria saliva como massa informe. Eu acho que o teatro, em geral, se ocupa demasiado com os textos, procurando dizer de novo aquilo que o texto enuncia. O texto pode se defender por si mesmo [...]. Isso é o que precisamos aprender.[6]

Ou seja, a recepção da dramaturgia deve diferenciar-se de outras formas literárias na sua especificidade, não em primeira linha como textos de leitura, mas como forma escrita para o teatro.

Para Müller, isso significa ao mesmo tempo não acomodação a formas de representação tradicionais, resistência no sentido de desafio de sua estrutura. Nessa sua atitude, fica em suspenso o momento da recusa, o aspecto do fragmentário. Em sua dicção, *a literatura deve oferecer resistência ao teatro*. Daí não encontrarmos mais referências sobre a forma de atuação, cenário etc. O autor cita como comparação o teatro elisabetano. Também ali não existia nada disso:

> pois tudo isso era evidente, já que havia aquela construção do palco, com determinadas convenções e regras. Hoje em dia, nada mais é evidente, mas é justamente por isso que não vejo possibilidades, no plano da interpretação, de fixar algo, principalmente diante do material com o qual me ocupei nos últimos anos. Seria simplesmente ridículo prescrever para o ator algo no sentido de: ele caminha da esquerda para a direita [...]. Também não posso prescrever uma concepção de espaço, pois o espaço em Hamburgo é diferente do

---

6 Essas passagens são recortes de um diálogo entre Müller e Vlado Obad, em 17 de maio de 1985, publicado em *Osizjek*, dez. 1987, em H. Müller, *Heiner Müller Material*, p. 161.

que aquele em Göttingen ou Leipzig. Nada aí é congruente. Isso ainda era possível com Ibsen. Naquela época ainda existia um determinado palco, ou ao menos se pensava nele ao escrever, em uma sala burguesa bem construída. Hoje em dia isso está simplesmente ultrapassado [...]. Quando estou escrevendo um texto e fico em dúvida sobre as rubricas [...] então sei, caso isso se torne uma questão decisiva, que alguma coisa está errada com o texto. Enquanto o texto está correto, ele não é interessante para mim; é um assunto do teatro ou do encenador se a personagem deve ficar de ponta cabeça ou apoiar-se nas mãos. Sempre que isso se torna um problema para mim, significa que escrevi corretamente[7].

É com essa consciência que se dá também a dissolução da fala dialógica nos trabalhos de Müller. Peças como *O Horácio* ou *Hamletmáquina* não têm mais diálogos. Em *Margem Abandonada*, *Medeamaterial* e *Paisagem Com Argonautas*, apenas na parte central do texto há resquícios de um diálogo. Em outras partes, o autor ainda dá um passo adiante ao não anunciar nem mesmo as personagens que falam. Surge daí uma questão: essas peças de Müller ainda podem ser identificadas como textos dramáticos? Ou elas se caracterizam antes como poesias, lembrando a fala lírica? Muitas perguntas surgem sobre a possibilidade de interpretação dessas máquinas de texto. O autor encontra argumentos relevantes:

> Os Senhores devem conhecer o ensaio de Goethe sobre a shakespearomania, na qual Goethe suscita a estranha tese de que Shakespeare escreveu dramas para leitura. Isso por um lado é correto de sua parte, já que em seu tempo o palco elisabetano não mais existia e no palco que Goethe tinha à sua disposição em Weimar era simplesmente impossível acolher Shakespeare de forma adequada. O lado mais racional dessa tese seria que toda encenação de Shakespeare é uma redução da complexidade de seus textos. Só é possível encenar um aspecto, decidir-se

7 Ibidem, p. 161.

por um único aspecto e os outros são postos entre parênteses ou excluídos. Isso vale, acredito, para todo bom texto.[8]

No entanto, Müller continua escrevendo para o teatro, com uma atitude que exige mudança. "Eu acredito que a literatura existe para opor resistência ao teatro."[9] É a partir dessa posição que deve ser entendida a sua polêmica contra as formas de teatro tradicionais e institucionalizadas, as quais ele percebe como "um mausoléu para a literatura em lugar de um laboratório para fantasia social"[10].

Descrição de Imagem

A tematização no teatro é compreendida pelo senso comum como mimese, conforme se apresenta no discurso cotidiano. No entanto, longe de ser um duplo do discurso democrático, que encontra seu *locus* nas interações de ordem psicológica e social, a linguagem artística do teatro propõe outras exigências: "A estátua da liberdade em Kafka carrega uma espada em lugar de uma tocha. As categorias de certo/errado desencontram a obra de arte. Tarefa da arte é tornar a realidade impossível."[11]

Para Heiner Müller, o leitor/atuante contemporâneo torna relevantes as perguntas que podem ser formuladas para o modelo, permitindo uma relação dialógica. Os pontos de incerteza demarcam momentos, nos quais a ambiguidade e a polissemia do texto literário são ressaltadas. São exatamente tais incertezas que fornecem sinais de sentido para a encenação contemporânea. Daí, é justamente o caráter inconcluso, fragmentário da escritura processual da peça didática de Brecht, por exemplo, que oferece o maior interesse para o leitor/encenador contemporâneo.

---

8   I.D. Koudela, *Heiner Müller: O Espanto no Teatro*, p. 107.
9   Ibidem.
10 Ibidem.
11 H. Müller, *Fatzer +- Keuner*, apud I.D. Koudela, *Heiner Müller: O Espanto no Teatro*, p. 55.

Várias questões se tornam novamente atuais. Vejamos alguns problemas já colocados por Lehmann: "A educação estética pode ser parte de uma educação política, ou seja, essas áreas, quando relacionadas, podem manter a sua especificidade? O estético pode determinar uma ação social? Ou, inversamente, o estético pode ser orientado pela ação social?"[12] E, a partir daí, diversas perguntas podem surgir: o que é teatro político? Estamos frente a uma questão de múltipla escolha? Qual é o critério que afere ao teatro a categoria de politizado, apolítico, despolitizado, engajado etc.?

Podemos ainda deslocar o eixo da questão com a ajuda de Lehmann[13]. Como o teatro, por exemplo, o teatro pós-dramático, é político? De que forma, sob quais pressupostos e condições o teatro e a arte podem ser ou se tornar políticos?

A formulação de Heiner Müller de que a tarefa da arte é tornar a realidade impossível aponta para o potencial do teatro como espaço que trabalha de mãos dadas com as impossibilidades da realidade, oferecendo um gesto no qual o político reassume sua força. Como práxis, talvez, esse gesto seja impotente, mas o espaço vazio assim aberto assume significado político.

Seleciono um recorte da obra *Descrição de Imagem: Explosão de uma Lembrança em uma Estrutura Dramática Moribunda*, de Heiner Müller, para refletirmos sobre as questões colocadas acima:

> Uma paisagem entre estepe e savana, o céu de um azul prussiano, duas nuvens imensas flutuando lá dentro, como que unidas por esqueletos de arame, em todo caso de estrutura desconhecida, a maior, da esquerda, poderia ser um animal de borracha de um parque de diversões que se desgarrou de seu guia, ou um pedaço da Antártida em seu voo de regresso, no horizonte, uma serra plana, à direita na paisagem uma árvore, num olhar mais preciso são três árvores altas distintas em forma de cogumelo.[14]

12 H.T. Lehmann, *Escritura Política no Texto Teatral*, p. 2.
13 Ibidem.
14 H. Müller, Descrição de Imagem, *Medeamaterial e Outros Textos*, p. 153.

Descrição de Imagem foi inspirada em um desenho de uma estudante de Sofia. Ela não sabia desenhar bem e as imperfeições deram lugar a espaços imaginários – a imagem foi coberta com escrita, tornando-se mais abstrata. O texto não apresenta diálogo nem ação, mas um encontro dramático entre olhar e imagem. Mais do que um texto autorreflexivo sobre o teatro, *Descrição de Imagem* é uma reflexão a respeito do *theatron*, o espaço do público-receptor, o espaço de contemplação:

> tronco com tronco, talvez de uma raiz, a casa no primeiro plano mais produto industrial que manual, provavelmente concreto: uma janela, uma porta, o telhado coberto com a folhagem da árvore em frente que cresce sobre a casa, ela pertence a outra espécie que o grupo de árvores no plano posterior, seu fruto é aparentemente comestível, ou próprio para envenenar convidados, uma taça de vidro sobre uma mesa de jardim, ainda meio na sombra da copa da árvore, oferece seis ou sete exemplares da fruta que se parece com limão, pela posição da mesa, uma peça grosseira de trabalho manual, as pernas cruzadas são troncos de bétula nova e tosca, pode-se concluir que o sol, lançando luz sobre esse lugar, no momento da imagem está no zênite, talvez o sol esteja sempre e na eternidade: que ele se movimente, não se pode provar pela imagem, as nuvens também flutuam talvez no lugar, o esqueleto de arame sua amarração numa tabuleta azul manchada com a tirânica inscrição céu, num galho de árvore um pássaro, a folhagem encobre sua identidade, pode ser um abutre ou um pavão ou um abutre com cabeça de pavão, olhar e bico apontados para uma mulher que domina a metade direita da imagem[15].

A peça de Müller apresenta dois pontos de vista sobre a ação do olhar – um em que o olhar é petrificador e outro em que ele se situa no espaço do piscar de olhos. Este último é o olhar desestabilizador,

---

15 Ibidem, p. 154.

que dissolve a forma fixa da imagem. O conflito entre os dois olhares não é solucionado. Eles coexistem e apontam para atitudes contraditórias.

Heiner Müller escreveu textos que resistem à interpretação. Denunciou muitas vezes a utilização da imagem (por exemplo, de Walt Disney) que impede a experiência. A ânsia de formar rapidamente conceitos também é um impedimento à experiência. Daí a dominância de textos que dificultam um acesso rápido à compreensão.

> Quando traduzimos uma ideia através de uma imagem, ou a imagem é distorcida ou a ideia explode. Eu sou a favor da explosão. Acredito que Genet formulou isso de forma precisa e correta: a única coisa que uma obra de arte pode fazer é despertar a saudade por outro estado de coisas no mundo. E essa saudade é revolucionária.[16]

O efeito de surpresa que a forma do texto *Descrição de Imagem* provoca é menor se o observarmos dentro da história do teatro. Ele se alinha a uma velha tradição, a do *tableau vivant* da Idade Média e do Renascimento. Sobre essa forma de teatro há teorizações, sobretudo no século XVIII. Diderot apreciava muito essas encenações de intérpretes imóveis em atitudes expressivas.

O texto de Müller não pode ser, portanto, lido como um texto dramático no sentido tradicional. Trata-se da descrição de um *tableau vivant*, uma forma de teatro antidramática que aparece diante de nós como já dada. A descrição é realizada por um observador qualquer cuja identidade é posta em questão. Quem ou o que indaga?

> uma mulher que domina a metade direita da imagem, sua cabeça divide as montanhas, o rosto é suave, muito jovem, o nariz longo demais, um inchaço na base, talvez de um soco, o olhar no chão, como se não pudesse esquecer uma imagem e ou não quisesse ver outra, o cabelo comprido de

---

16 H. Müller, *Heiner Müller Material*, p. 203.

mechas, loiro ou cinza esbranquiçado, a luz dura não diferencia, a roupa um casaco de pele esburacado, cortado para ombros mais largos, sobre uma camisa fina e gasta, provavelmente de linho, da qual em certo ponto da manga direita desfiada e muito larga um frágil antebraço ergue a mão à altura do coração, ou seja, do peito esquerdo, um gesto de defesa ou da língua dos surdos-mudos, a defesa vale um horror conhecido, o golpe empurrão estocado aconteceu, o tiro disparado, a ferida não sangra mais, a repetição cai no vazio, onde o pavor não tem lugar, o rosto da mulher torna-se legível[17].

Permanece a impressão de que não há uma descrição precisa. Várias possibilidades de significação são experimentadas, e várias possibilidades de ação são apontadas. A identidade do leitor é problematizada. O próprio observador não é uma identidade confiável. O *tableau vivant* é uma imagem da morte cuja materialidade convida o leitor à reflexão sobre uma história congelada. Heiner Müller sobre Kafka: "A cegueira da experiência em Kafka é a prova de sua autenticidade. Somente a pressão constante por experiência autêntica desenvolve a capacidade de olhar para o branco do olho da história que pode ser o fim da política e o início de uma história do homem."[18]

Heiner Müller falou muitas vezes de seu conceito de teatro como um *laboratório de fantasia social*: "As formas de teatro tradicionais são um mausoléu para a literatura. O novo teatro deve ser um laboratório para fantasia social."[19]

Jogo e capacidade de antecipação são características antropológicas do homem. Através de nossa imaginação desenvolvemos um número maior de possibilidades do que aquelas que podem ser, de fato, realizadas, e os produtos da imaginação muitas vezes se objetivam como arte.

A função da arte como um laboratório social antropológico e pesquisa das capacidades humanas, através de experimentos de caráter

17 H. Müller, Descrição de Imagem, *Medeamaterial e Outros Textos*, p. 154.
18 I.D. Koudela, *Heiner Müller: O Espanto no Teatro*, p. 50.
19 H. Müller, *Heiner Müller Material*, p. 163.

estético lúdico, se torna tão mais importante quando o domínio técnico científico da natureza e do homem crescem. Quanto mais aumentam os perigos da devastação ecológica e a autodestruição de nossa espécie, mais a arte se afirma no espaço aberto pela imaginação. Peças de teatro que assumem tal responsabilidade pressupõem a catástrofe com a qual a humanidade se confronta. Diante do crescimento do risco antropológico, a arte responde como *laboratório de fantasia social*.

Os Atuadores da Paixão

> *Envie-me um escriba ou, melhor ainda, uma jovem escrava com memória afiada e voz possante. Disponha que ela, o que ouvir de mim, possa dizer à sua filha. Esta por sua vez à sua filha, e assim por diante. De forma que, ao lado da torrente de cantos a heróis, este minúsculo arroio, penoso, também possa alcançar aquelas pessoas distantes, talvez mais felizes, que um dia hão de viver.*
> CHRISTA WOLF, *Cassandra*, p. 3.

A superação do vácuo que hoje ocorre tantas vezes entre cultura e política é ultrapassada pelo grupo Oi Nóis Aqui Traveiz por meio da estratégia de resistência. A desestabilização das estruturas de poder se realiza através da prática libertária da criação coletiva praticada pelos atuadores da paixão e de uma necessidade de transformação do próprio teatro praticado na Terreira da Tribo, nome dado ao espaço do grande galpão no bairro dos Navegantes, sede do grupo em Porto Alegre.

A articulação entre a filosofia e os métodos de trabalho do grupo dos atuadores da paixão é analisada no presente ensaio a partir de proposições de Brecht e Artaud e da escritura e dramaturgia de Christa Wolf e Heiner Müller.

Apontando para a origem do grupo nas manifestações populares, o primeiro foco do presente ensaio é a *Saga de Canudos*, na adaptação que o grupo gaúcho fez de um dos textos dramatúrgicos de César Vieira[1].

A proposta de educação político-estética do grupo em seu espaço chamado Terreira da Tribo é ainda mais radicalizada através da encenação de *A Missão*, de Heiner Müller. Teatro e literatura encontram novo *locus*. O método de escritura mülleriano transforma o espectador em coprodutor, ao convidá-lo a estabelecer conexões em rede de fabulação nas quais o fragmento, a colagem, a simultaneidade se constituem como instrumentos de exposição cênicos.

Também a adaptação da novela *Cassandra*, de Christa Wolf, é demonstrativa do processo de participação do leitor na construção de sentidos do texto. Os procedimentos de escritura intertextual foram expandidos no espetáculo *Kassandra in Process*.

Em uma sociedade na qual o próprio teatro se tornou uma indústria e a literatura sua matéria-prima, permanece a proposta brechtiana de um modelo de educação político-estético e experimentação teatral que procura gerar novos meios de produção. Transformar a sociedade por meio do teatro significa modificar as estruturas do teatro, que são um reflexo das estruturas da sociedade. Assim como anuncia Brecht, a apropriação dos meios de produção artísticos é necessária e importante para o processo de emancipação do teatro e do público.

---

[1] César Vieira é autor e diretor de várias peças de teatro, além de exercer a advocacia em paralelo à prática teatral. Fundador do importante grupo Teatro Popular União e Olho Vivo, é considerado um dos pioneiros no uso de processos de criação coletiva. Ao longo de sua carreira, dedicou-se a uma dramaturgia popular e bastante comprometida com o teatro de resistência. Como advogado, é importante ressaltar seu papel fundamental na defesa de vários presos políticos durante a ditadura militar no Brasil. É autor de livros e peças de teatro como: *Em Busca de um Teatro Popular*; *O Evangelho Segundo Zebedeu*, que teve a adaptação do grupo Oi Nóis Aqui Traveiz; *Bumba, Meu Queixada*; *Morte aos Brancos – A Lenda de Sepé Tiaraju*; e, ainda, *João Cândido do Brasil – A Revolta da Chibata*.

A Saga de Canudos

Tive a oportunidade de ver o espetáculo de rua *A Saga de Canudos*, e o que mais me impressionou naquela apresentação realizada em praça pública, no centro de Porto Alegre, foi o primor de tratamento dado às personagens e cenas populares; estava diante de formas de manifestação altamente sofisticadas, que incorporavam a música e a dança do povo. Tal resultado artístico positivo é raro, visto que tantas vezes a cultura brasileira de raiz é vilipendiada por um sucateamento do popular, através de processos de banalização.

O cenário da praça pública exige um gesto ampliado, capaz de prender a atenção de cidadãos que acorrem casualmente, formando a roda da brincadeira teatral. Através de bonecos, figurinos coloridos, tambores e da representação e do canto coral, o grupo Oi Nóis Aqui Traveiz realiza um ato artístico da maior grandeza, do qual participa uma plateia formada por meninos de rua, passantes, donas de casa, comerciantes, turistas etc.

A qualidade estética desse teatro de rua não degrada o seu cunho político por meio da afirmação do já existente. Recuperando a qualidade emancipatória e alternativa da arte, o espetáculo *A Saga de Canudos* permite ao espectador proceder a uma atitude crítica diante da sua história.

Ao desenvolver universos de oposição, dialética inerente à adaptação realizada sobre o texto de César Vieira, que foi tomado como base para a criação coletiva, o grupo de atuadores radicaliza o conceito de criação coletiva, assumindo o ator como criador intérprete e a encenação como ato praticado pela relação democrática. A história desse teatro de grupo vem do teatro de rua, da escola da representação popular. Seu discurso político está em processo, tal qual o tempo de transformação da história, diferente nesse início de século XXI do primeiro momento, em pleno regime militar (1964-1985). O que permanece presente é a denúncia na celebração do ato, do teatro de todos os tempos, que não comporta um mundo de vencedores e vencidos porque todos derrotados.

A Missão

No cruzamento de tantos e tantos caminhos ásperos, trago a trajetória da atriz Marta Haas, que faz a personagem de Primeiro Amor, em A Missão[2], na encenação do Oi Nóis Aqui Traveiz. À noite, aos finais de semana, Marta Haas se apresenta na Terreira da Tribo fazendo "aquilo que fazem as crianças com as bonecas. De vez em quando, a criança quer saber o que há dentro da boneca. Para isso, é necessário quebrá-la, senão não saberá jamais o que há no interior"[3]. A menina de longos cabelos loiros, do interior do estado do Rio Grande do Sul, está inserida em um processo de pesquisa mülleriano cuja moral é uma pulsão antropológica – querer saber o que há dentro da boneca.

De dia, durante a semana, a atriz Marta Haas ministra oficinas para iniciantes em bairros periféricos de Porto Alegre. A Escola de Teatro Popular da Terreira da Tribo fomenta a pesquisa de processos atorais, oferecendo oficinas abertas à comunidade em geral e propondo uma abordagem que privilegia a ideia de um teatro político. Pedra angular do projeto pedagógico do Centro de Experimentação e Pesquisa Cênica é a prática artística como elemento transformador.

O grande abismo que havia entre a alta literatura e a proposta pedagógica são superados – sujeito e objeto tornam-se finalmente idênticos: "trata-se aqui da realidade humana e não de uma natureza independente de sua consciência; ela deve ser transformada"[4]. O teatro de Heiner Müller insiste na sua qualidade de tradução para outra unidade de tempo e espaço.

Da mesma forma que a atriz Marta Haas, gente de teatro por todo o Brasil enfrenta o confronto com o branco no olho da história. Nesse peito a peito com a realidade social, seu teatro renasce muitas vezes após passar por um processo de transmutação. A Missão

---

2 H. Müller, Fatzer +- Keuner, apud I.D. Koudela, *Heiner Müller: O Espanto no Teatro*, p. 50.
3 C. Wolf, Cassandra, p. 3.
4 Ibidem, p. 66.

insere-se na produção literária e teatral contemporânea como documento de um tempo em crise, em que tudo espera por história.

Na Terreira da Tribo, as imagens surrealistas, aparentemente caóticas, da escritura de Müller, compostas por passagens clownescas, citações, teatro de marionetes, fantasmagorias, teatro ritual artaudiano geram uma invasão de quadros e metáforas que desafiam a energia e levam ao extremo as possibilidades de recepção da plateia composta de, no máximo, vinte e cinco espectadores.

Os atuadores produzem um espetáculo no qual o fragmento sintético é montado como um quebra-cabeça espacial através do qual somos conduzidos por uma sucessão de instalações (composições de cenários e figurinos). Nesse procedimento de montagem, o espectador é conduzido por meio de diferentes ambientes que provocam experiências sensoriais diversas, através de temperaturas, cheiros, espaços pequenos e confinados e céu aberto, grandes salas, diferentes planos, como alto e baixo, texturas, como areia e água, luzes de velas, escuridões, sons de tambores, música clássica e ritual vodu.

Também o figurino se aproxima desse caráter de instalação por meio de dimensões gigantescas das roupas na caracterização de Primeiro Amor, em que ouvimos o texto: "isto é o homem: seu primeiro lar é sua mãe, uma prisão. Aqui está aberta a pátria, aqui boceja o seio da família. Diga uma única palavra, se você quer voltar e ela te enfia para dentro, a idiota, a mãe eterna"[5].

Debuisson literalmente entra na barriga de Primeiro Amor. A instalação (figurino/cenário) da imensa saia tem a forma de alcova, na metáfora da supressão da liberdade ligada ao nascimento com a analogia entre mãe e pátria e a solidão do dissidente político Debuisson.

Nas encenações na sede da Terreira da Tribo, o espaço teatral é modificado por completo, de modo que a disposição da plateia se dá em função da criação de cada cena. A palavra poética de Müller é articulada na montagem com a poesia do espaço, transfigurando

---

5 I.D. Koudela, *Brecht: Um Jogo de Aprendizagem*, p. 99.

a qualidade da palavra como presença física, corporificada através da instalação.

Os atuadores Paulo Flores, Sandro Marques, Tânia Farias, Clelio Cardoso, Marta Haas, Renan Leandro, Pedro Kinast de Camillis, Carla Moura, Luana Fernandes são atores pesquisadores que participam do processo de construção da forma estética, assumindo o princípio da criação coletiva, do teatro que nasce do ator dentro de um processo de criação radicalmente democrático, no qual a função do diretor/encenador é abolida. A interpretação desse grupo se caracteriza por uma atuação em estado alterado, num relativo abandono em função do caráter ritualístico artaudiano de seu teatro. O transbordamento da ação em direção à plateia faz nascerem signos que precipitam sonhos/pesadelos cuja qualidade estética arrebata o espectador e provoca o desassossego.

Kassandra in Process

Confrontando-se com o grande objetivo de procurar na história do Ocidente aqueles fragmentos ainda aptos a manter vivo o contraditório processo de oscilações entre o estético e o político, os atuadores celebram *Kassandra in Process*, com estreia na Terreira da Tribo em 2002.

Christa Wolf publica a narrativa *Cassandra*, focalizando o mito da profetiza filha do rei Príamo e irmã de Páris, o causador da guerra de Troia por ter sequestrado Helena, esposa do rei grego Menelau. Cassandra vaticina a tomada de Troia, mas não é ouvida pelos seus. Entregue a Agamêmnon como presa de guerra, também prevê a morte deste, a mando de Clitemnestra, sua própria esposa.

Herdeira de Brecht, Christa Wolf introduz o leitor tanto na ação como no processo do narrar, incentivando-o à coprodução do sentido do texto. A poética de *Cassandra* atesta vários pré-textos, sendo os principais a *Ilíada* e a *Odisseia* de Homero, a tragédia *Agamêmnon*, de Ésquilo, a *Mitologia Grega*, de Robert Ranke-Graves, e o volume *Pressupostos de uma Narrativa-Cassandra*, resultado de quatro preleções que Christa Wolf proferiu na Universidade de Frankfurt e publicou junto com a narrativa. Esses ensaios testemunham o processo criador da autora, seu diálogo com a antiguidade clássica e a escrita feminina. Wolf ainda cita Virgina Woolf e Hélène Cixous.

A personagem principal da narrativa, Cassandra, pronuncia um monólogo na primeira pessoa em que expõe sua trajetória como filha de rei e sacerdotisa, os anos de cerco e a tomada de Troia, recordando sua caminhada interior nesse percurso. À medida que a figura de Cassandra é situada historicamente, desvenda-se a submissão da mulher na sociedade patriarcal. A narrativa situa-se na passagem do matriarcado para o patriarcado. Como se trata de uma época de transição, ambos os sistemas convivem, podendo ser encontrados vestígios da sociedade matriarcal na comunidade que fica no Monte Ida, onde a violência não tem lugar e as relações humanas se baseiam em solidariedade e amizade. Vive-se aí ainda em comunhão com o sensível e a natureza.

A Cassandra de Christa Wolf, diferente da narrativa tradicional, não recebe do deus Apolo o dom da visão. Ela mesma conquista essa capacidade, no exercício de seus sentidos e de sua inteligência. Ela converte seu destino em sujeito da história. O curto espaço de tempo na tragédia de Ésquilo é rompido em *Cassandra* pelo tempo narrado subjetivamente dilatado. O procedimento intertextual da narrativa produz o ecoar de várias vozes. Christa Wolf defende a multiplicidade de referências. Permanecem assim trechos em aberto na narrativa que apelam para a construção de sentido do leitor.

Kassandra in Process, aos Que Virão Depois de Nós afirma um teatro que é, antes de tudo, ritual e mágico, ligado a forças cuja eficácia se traduz em gestos e está ligado diretamente aos ritos que são o próprio exercício e a expressão de uma necessidade espiritual, de acordo com Artaud. O espetáculo trabalha com o mistério da evocação de um tempo remoto, tão reverenciado pelo teatro. A evocação da mitologia grega, transformada em ritual artaudiano, torna presente no aqui/agora da ação cênica o poder autodestrutivo da humanidade, através da guerra de Troia, paradigmática do imaginário das guerras no Ocidente, escancarando a atualidade do tema.

A novela de Christa Wolf foi recortada e comprimida, reinstalando o processo criativo da autora que convida o leitor a participar como coprodutor de sentidos na leitura de sua narrativa. O exercício da intertextualidade é continuado e expandido pela Terreira da Tribo através de autores como Albert Camus, George Orwell, Samuel Beckett, Heiner Müller, Peter Handke, Arthur Rimbaud e Pablo Neruda. O processo de criação coletivo aponta para uma prática estética na qual o receptor/leitor/atuador passa a ser ator/criador/autor do texto espetacular.

Esse diálogo na forma de fragmentos irrompe o fio do tempo e rasga o véu da contemporaneidade. Nas palavras de Kassandra: "então, eu me detenho na palavra e, mais ainda do que na palavra, na sua figura, na sua linda imagem. Sempre me afeiçoei mais à imagem do que às palavras. E tudo acabará com uma imagem, não com uma palavra".

O espetáculo conquista a ruptura através da linguagem do espaço e do corpo ritualizados no qual os atuadores são intérpretes que *se reduzem à sua menor grandeza*, na expressão cunhada por Brecht. O corpo franzino de Tânia Farias, que lidera o elenco, torna Kassandra uma gigante em cena. Em alguns momentos, sua doçura aponta para o que é pequeno e frágil e, em outros, faz o espectador rir, talvez de si próprio ou da crueldade do que lhe é apresentado. O rigor, a radicalidade do grupo dos atuadores comove pela generosidade de sua entrega total à arte teatral. Kassandra é uma voz vencida e assassinada, reescrevendo a sua história – que é a história da mulher –, tentando assegurar sua transmissão a gerações futuras.

A forma do teatro processional faz com que o espectador se veja ora na própria arena dos fatos, ora do alto, com distanciamento. A plateia é tocada pela proximidade física do atuador, envolvido em oferendas, banquetes, combates, despedidas, assassinatos, jogos de sedução e poder. Na sequência de um genocídio, há homenzinhos do tamanho da palma da mão, trapinhos de pano azul espalhados pelo chão. A plateia se torna cúmplice da contagem dos mortos, andando com cuidado redobrado para não esmagá-los.

Um silêncio perturbador invade os espectadores ao término da apresentação. Não há aplausos. Ouve-se apenas o caminhar das pessoas saindo da Terreira da Tribo. No Sesc Pompeia, ao final do espetáculo, em São Paulo, um fotógrafo puxou palmas e a plateia até obedeceu, acompanhando. Mas elas cessaram rapidamente e, na saída, o mesmo desassossego, olhos buscando a noite e a sensação do vento no rosto.

Kassandra in Process, três horas memoráveis de teatro depois das quais o espectador já não é mais o mesmo… Algo dentro dele faz com que o fôlego se altere. O aplauso já não mais se instaura na sua forma convencional.

Viagem de Heiner Müller ao Brasil

E*quívocos Reunidos* é o título do livro que traz entrevistas e depoimentos de Heiner Müller, na Alemanha, entre 1974 e 1986. Na quarta capa, encontramos as seguintes palavras do dramaturgo:

> Por um lado, entrevistas sempre me pareceram maçantes. No entanto, a formulação teórica, ou escrever, é para mim ainda mais trabalhoso. É por isso que às vezes, mesmo contra a minha vontade e contradizendo o bom senso, me envolvo com entrevistas. Uma coisa é certa, em conversas é possível formular de forma mais livre do que quando se escreve. O compromisso é menor. É possível dizer o contrário no dia seguinte. E naturalmente o material resultante de entrevistas, mesmo quando impresso, depende muito da situação e do interlocutor, da relação estabelecida etc. Neste sentido, são mais performances, tem mais a ver com teatro do que com literatura. É preciso produzir-se no mesmo sentido como as pessoas necessitam produzir-se no palco.[6]

Hans Staden desembarcou de caravela num Brasil que o leva a viver aventuras entre os índios canibais. As imagens filtradas pela mídia por ocasião da viagem de Heiner Müller ao Brasil, em 1988, mostram o autor à mercê da cultura de massa. Manchetes

---

6 H. Müller, *Gesammelte Irrtümer*, quarta capa.

anunciavam o alemão tomando água de coco, observando cobras e aranhas no Instituto Butantã, consultando os búzios na Bahia. Uma viagem turística? Uma aventura na selva brasileira do século XX?

A salvo do assédio da grande imprensa, numa pequena casa na praça Benedito Calixto, Heiner Müller prestou depoimentos no encontro promovido pela Associação Bertolt Brecht de São Paulo. Ali, a leitura visual, que se fez constante nos momentos em que estive em contato com o dramaturgo, foi marcante. Irritado com os folhetos de propaganda do governo da República Federal da Alemanha, que ornavam as paredes à nossa volta, disse que a realização "cafona", a imitação barata da pomba de Picasso reproduzida em um dos cartazes expostos nas paredes da associação incitavam antes a guerra do que a paz. Entre os presentes, críticos e pessoas de teatro, a concordância foi unânime – os cartazes foram literalmente arrancados das paredes e Heiner Müller colocou sua assinatura embaixo de uma frase de Brecht, transcrita erradamente em um dos folhetos de propaganda.

No dia seguinte, acompanhei Heiner Müller em visita à Associação Comunitária Monte Azul, onde era realizado trabalho social desenvolvido à margem da sociedade para atender aos mais duramente atingidos pela violência – crianças, menores que, desprotegidos da brutalidade na cidade, urgem se tornar adultos muitas vezes se perdendo nessa caminhada.

Fundamentado na pedagogia de Rudolf Steiner, o trabalho na Associação, embora desenvolvido predominantemente por brasileiros e moradores da favela, contava com a colaboração de voluntários europeus, que buscavam a assimilação de uma realidade divergente daquela que conheciam. Iniciado por Ute Krämer há algumas décadas, hoje essa ação comunitária conta com ambulatório, creches, oficina de marcenaria e tecelagem, num processo de integração entre moradores que é modelo e nasce organicamente da realidade social na qual se insere.

Crianças, mulheres e jovens pareciam não se importar com a nossa visita. Algumas crianças mais curiosas nos acompanhavam. Na marcenaria, alguns meninos terminavam suas atividades e outros varriam o chão. As creches, pequenas por fora, por dentro eram espaçosas. Os bebês ali habitavam como se estivessem em suas casas – uns comiam, outros dormiam, outros brincavam. Na padaria, Heiner Müller conversou com o padeiro alemão que veio a Monte Azul para ficar durante um ano. Subimos rampas, descemos escadarias, encontramos nessa caminhada crianças com nariz escorrendo e feridas nas pernas, cachorros soltos, fezes e lixo, tudo isso misturado em um mesmo ambiente. Em um riacho cortando a favela, mães lavavam roupas e discutiam sobre o preço do sabão. Heiner Müller se deteve nos desenhos das crianças da escolinha.

Cenas da cidade de São Paulo. O Masp lotado até o último lugar. Marilena Ansaldi realiza sua belíssima performance de *Hamletmáquina*, dirigida por Marcio Aurélio, que a plateia acompanha arrepiada e aplaude com entusiasmo. "Até um dramaturgo pode ficar sem palavras", foi o comentário emocionado de Heiner Müller depois do abraço com a atriz.

Uma segunda performance aguardava a plateia no Masp naquela noite. Os participantes da mesa de debates eram Gerald Thomas, José Celso Martinez Correia e Marcio Aurélio. Após as palavras entusiasmadas de Gerald Thomas, Zé Celso atinge o clímax, fazendo o papel de moleque, pulando corda com o microfone na mão e apontando para a arquitetura do teatro realizada por Lina Bo Bardi. Zé Celso, a última identidade na pauliceia desvairada, faz um convite público aos presentes para que conhecessem o terreiro e os projetos do Teatro Oficina. E ali, na ausência de Heiner Müller, no dia seguinte, acendi uma vela que não me fora destinada, mas que acabou sendo meu destino acender.

A fogueira acesa no terreiro e os cantos afros formaram a imagem daquela tarde, que culminou num debate sobre a peça didática de Bertolt Brecht, numa noite de muito frio, no Sesc Pompeia, com Zé Celso e César Vieira, do qual Heiner Müller também esteve ausente.

O teatro "gozado" de Zé Celso tem por pressuposto a crença de Brecht de que o Teatro Épico só será possível quando terminar a perversão de transformar um luxo em profissão, enquanto o teatro for constituído da separação entre palco/plateia. No teatro do futuro, quando o drama nascer no fosso da orquestra e as fantasias forem tornadas produtivas, haverá espaço para retomar novamente a experiência do coletivo.

As aventuras de Heiner Müller no Brasil foram muitas, e me colocaram em contato com diferentes contextos. Outro marco dessa passagem foi o espetáculo *Eras, Operação Fitzcarraldo*, realizado em cinco meses de ensaios pelo Teatro Pequeno. A encenação de Marcio Aurélio partiu de três textos de Müller: *Filoctetes, O Horácio* e *Mauser*, nos quais o dramaturgo se confronta com a peça didática de Brecht. Minha tradução de *O Horácio* nasceu do envolvimento com a encenação de Marcio Aurélio, sendo mais tarde genialmente interpretada como um monólogo por Celso Frateschi.

Em meados da década de 1970, Heiner Müller escreveu a famosa carta a Reiner Steinweg em despedida à peça didática. Ele mostrava a impossibilidade histórica na Europa naquele momento. Perguntado, em entrevista, se tal situação ainda perdurava, Müller respondeu que ela era necessária para se aprender uma situação em que historicamente algo estava em movimento. Acredito que agora algo esteja girando, algo precisa ser girado. A situação está madura para transformações. Este é o momento em que novamente será preciso aprender, que será necessário aprender. Então também o modelo de jogo da peça didática se torna novamente atual.

A utopia teatral de Brecht busca novos espaços para a sua realização. Se, por um lado, a identidade entre espectadores e atores é ilusória ou permanece projetada para o tempo do futuro em função de uma sociedade socialista, na qual seja superada a divisão de classes, por outro lado, Heiner Müller projeta, através do tempo, o princípio da utopia concreta, a ser realizada por meio do jogo, em um teatro que busque a superação da perversão do teatro.

O Texto Como
Modelo de Ação
no Jogo Teatral

Dentre os escritos de Brecht, a teoria da peça didática não é um conjunto claramente definido. Ela se constitui de vários pequenos textos, anotações e referências. Muitas vezes, são observações que o dramaturgo faz em contextos diversos, mas que explicitam a gênese e o desenvolvimento de sua proposta pedagógica e didática. Nos últimos enunciados que formulou sobre a questão, em 1956, Brecht afirma que essa designação (peça didática) vale apenas para as peças que ensinam aqueles que representam. Elas não necessitam de público, *embora ele possa ser utilizado*.

Brecht estabelece uma diferença entre a "peça épica de espetáculo" (*Episches Schaustück*) e a "peça didática" (*Lehrstück*), apontando para novas concepções de pedagogia e de teatro que viria a denominar como *Theaterpädagogik* (Pedagogia do Teatro). Ao buscar uma tradução para o inglês do termo alemão *Lehrstück*, afirma: "O equivalente inglês mais próximo que encontro aqui é jogo de aprendizagem, que muitas vezes não necessita do palco no sentido tradicional."[1] Em outro momento, pontua: "Se não quiserem chamar de teatro, chamem de taetro!"

Brecht sublinha que a principal função da peça didática é a educação dos participantes do *Kollektiver Kunstakt* (ato artístico coletivo). A peça didática ensina quando nela se atua, portanto,

---

1 The nearest english equivalent I can find is learning play [...] that often did not need the stage in the old sense.

através de uma recepção estética ativa. Ela é endereçada diretamente ao leitor, que passa a ser o ator/autor do texto. A investigação didática com o texto é prevista por Brecht, que admite a alteração do texto pelos jogadores.

O "modelo de ação" proposto através da peça didática se diferencia de textos da tradição dramática por seu valor de aprendizagem. Enquanto o teatro amador tradicional é orientado para apresentações diante de um público, Brecht enfatiza que a aprendizagem na peça didática consiste no exame experimental das experiências sociais dos atuantes/jogadores. Com tal objetivo, as peças didáticas são propositalmente abstratas e encerram significações que provocam a contradição.

O conceito de *handlungsmuster* (modelo de ação) está relacionado a processos de aprendizagem como espaço em obra:

- modelo como exercício artístico coletivo que tem por foco a investigação das relações de homens entre homens através da linguagem gestual, como sistema de representação de sentidos;
- modelo como texto que é objeto de imitação.

Seriam inconvenientes textos à base de problemas ou situações históricas ou atuais. A partir de seu objetivo, que é favorecer um processo de conhecimento, as peças didáticas não podem examinar uma realidade específica na sua totalidade ou representá-la. Se as entendermos como modelo de ação, como investigação didática, na qual estão envolvidos mestres e aprendizes, elas necessitam ter certo grau de abstração que permita a experiência do saber fazer ao fazer saber.

Embora o modelo de ação repouse sobre a forma poética da dramaturgia da peça didática, a forma é atualizada através da investigação coletiva. A combinação entre a parte fixa (texto poético) e a parte móvel (jogo teatral) propõe que o controle sobre a aprendizagem não ocorra de forma fechada ou previsível. Embora as questões suscitadas pelo texto constituam uma moldura, o modelo de ação é tematizado pela parte móvel, conferindo assim autonomia na aprendizagem.

Outro momento da relação dialógica entre jogo teatral e texto pode ser exemplificado através dos jogos de apropriação do texto. Ao "brincar" com o texto, hábitos de leitura escolar arraigados são superados, em função da integração dos planos de percepção físicos e intelectuais. A linguagem gestual causa no sistema de representação de sentidos um novo olhar diante do discurso e da ação de falar. Nos jogos de apropriação do texto, seu significado permanece em aberto. Não procedemos a uma análise do texto, buscando uma interpretação. A interação no jogo leva a uma multiplicidade de imagens e associações, que são experimentadas corporalmente, através da linguagem gestual.

Por meio do jogo teatral, o material gestual torna visíveis as contradições sociais no cotidiano. Sem prescrever um comportamento político correto, o objetivo é o desenvolvimento de uma atitude política. Apesar de não lidar com problemas políticos imediatos, as peças didáticas proporcionam abertura do espaço em obra.

A peça didática soluciona o problema da ligação entre a prática do teatro e a prática de seu público, ao incorporar o espectador no processo teatral, permitindo-lhe penetrar nas ações que se desenrolam sobre o palco, até o ponto em que ele por fim quase se desvanece como espectador. Ao mesmo tempo, desaparece também desse contexto de produção e aprendizado o ator profissional. A encenação assume caráter processual entre autor e público – ela se liberta do quadro institucional do teatro. A peça didática é – quando vista a partir da perspectiva teatral – uma solução extrema.

O conceito de "modelo" é, nesse sentido, o texto como objeto de imitação pelo atuante da peça didática. Ela propõe aos jogadores alterar o texto e inserir conteúdo próprio. No jogo com o modelo de ação brechtiano, o autor/ator do processo de conhecimento é o atuante, que constrói os significantes através de gestos e atitudes experimentados no jogo teatral. O objetivo principal do jogo com o modelo de ação não é levar o atuante a se confrontar com um conteúdo específico, mas sim ensinar/aprender como participante de um processo de conhecimento no qual o saber fazer e o fazer saber são mediados pela linguagem gestual.

Característica do modelo estético é sua reprodutibilidade, através da recepção ativa. É importante ressaltar ainda que, ao imitar, o atuante imprime ao modelo novas características, ampliando possibilidades de leitura. Através de outros materiais (imagens, intertextualidade) trazidos pelos atuantes por meio de um processo de aprendizagem compartilhado, o modelo é transformado, ganha corpo. O jogo teatral com o texto se configura na medida em que o autor/ator, o ator/compositor, ou o intérprete/criador, passa a ser sujeito ativo e autônomo da investigação didática na qual tanto o mestre como os aprendizes estão envolvidos.

A abertura do texto poético para a investigação didática se orienta a partir da tematização do original. A tematização é aqui entendida como uma série de construções de sentido contraditórias que dialogam e que podem coexistir. Dessa forma, uma multiplicidade de representação de sentidos é instalada, articulando espaços de significação. No jogo teatral, essa oscilação de significados é motor essencial: os atuantes brincam com o reconhecimento e a desconstrução de sentidos.

O Jogo Teatral
Com Brecht e Müller:
Experiência de uma Reflexão

Quando recebi o convite para participar de uma conferência do congresso The Creative Spectator//Der Kreative Zuschauer[1], em 2014, foi-me solicitado falar sobre o que estava pesquisando naquele momento a respeito da peça didática de Bertolt Brecht. Contudo, preciso deixar claro, agora, que o *locus* da minha pesquisa hoje denomina-se pedagogia do teatro, ampliando as reflexões a que já me propunha na época do congresso.

Embora sacramentada através de um *Léxico de Pedagogia do Teatro*, livro editado pela Perspectiva do qual participei como coordenadora, e constando como linha de pesquisa no Curso de Pós-Graduação do Departamento de Artes Cênicas da USP, a questão "o que é pedagogia do teatro?" é uma certeza que merece ser posta em dúvida.

As análises marxistas das décadas de 1950 e 1970 sempre descreveram o *Lehrstück* (peça didática) como uma rua de mão única ou descaminho. Seria a peça didática uma fase superada no desenvolvimento da dramaturgia de Brecht?

---

1 Este ensaio foi publicado também no *The Brecht Yearbook* da International Brecht Society, a partir do congresso The Creative Spectator//Der Kreative Zuschauer, que se realizou em Porto Alegre, 2014. A sua versão em inglês intitula-se "Theatrical Play in Brecht: Experience of a Reflection". O ensaio, na versão em português, tem como título "O Jogo Teatral em Brecht", e está no livro *O Espectador Criativo: Colisão e Diálogo*, de João Pedro Alcântara Gil et al.

O consenso de especialistas afirmava que as peças didáticas pertenciam a uma fase de transição no pensamento de Brecht, à qual se seguiu, no final da década de 1930, a fase madura do teatro épico dialético. Em geral, as peças didáticas foram estudadas à margem ou esteticamente desqualificadas, a partir de pontos de vista artísticos e/ou políticos fixados *a priori*, que impediam o acesso à sua poética e à *práxis* pedagógica. Tais peças, desprezadas por causa da rigidez da ação dramática, foram caracterizadas como "megafone do Zeitgeist"[2] ou, ainda, como "personificação de ideias"[3].

A peça didática "de uma racionalidade cinzenta"[4], que ocultava uma "ânsia niilista de autoritarismo sem sentido [...] disciplina e crença"[5], encontrou poucos defensores. Também John Willet, em *O Teatro de Brecht*, afirmava que "privados de um enredo básico, somos projetados para o campo das palavras e ideias nuas e cruas, as quais conduzem a um julgamento firme e a uma conclusão aparentemente nítida e irrevogável"[6].

A partir do estudo filológico realizado por Reiner Steinweg, em *Das Lehrstück. Brechts Theorie einer politischästhetischen Erziehung*, que reúne e elabora criticamente o material existente no Arquivo Bertolt Brecht sobre o *Lehrstück*, pude acompanhar um debate que se opunha ao conceito geralmente aceito de que as peças didáticas seriam a expressão de um período de transição marxista vulgar no pensamento de Brecht. Trata-se da tese de que não o *Episches Schaustück* (Peça Épica de Espetáculo) mas sim o *Lehrstück* que conduz a um modelo de ensino e aprendizagem que aponto para o "teatro do futuro" na expressão de Steinweg.

A conclusão mais polêmica do debate estabelecido por Steinweg foi extraída por Hildegard Brenner. Ela fala de uma "falência exemplar da germanística"[7] e demonstra que a teoria da peça didá-

---

2 I.D. Koudela, *Brecht: Um Jogo de Aprendizagem*, p. 2-4.
3 Ibidem.
4 Ibidem.
5 Ibidem.
6 Ibidem.
7 Ibidem.

tica de Brecht e sua dramaturgia eram avaliadas a partir de uma visão artística convencional.

Também Walter Benjamin nomeia a diferença claramente, já em 1932: "A peça didática sobressai como um caso específico, através da pobreza dos aparatos, simplificando e aproximando a relação do público com os atores e dos atores com o público. Cada espectador é ao mesmo tempo observador e atuante."[8]

Heiner Müller viria a corroborar essas teses, ao anunciar que a peça didática é "o núcleo incandescente da obra de Brecht"[9]. Com a releitura de Brecht como autor pós-dramático foram assim abertas as portas através de seu parceiro congenial, abrindo um leque de questões referentes à implicação de procedimentos pedagógicos do método brechtiano e à historicização dos conteúdos de seu ensinamento.

O título do meu doutorado, *Brecht: Um Jogo de Aprendizagem*, remete à tradução que Brecht propõe do termo *Lehrstück* para o inglês: "the best equivalent I can find is learning play"[10]. A ênfase da didática recai sobre a atividade do sujeito – quanto a isso, a teoria da peça didática não deixa dúvida. A tradução mais correta para o português seria "peça de aprendizagem" na medida em que o termo "didático", na acepção tradicional, implica dar/doar conteúdos através de uma relação autoritária entre aquele que detém o conhecimento e aquele que é ignorante. A peça didática de Brecht propõe o exercício de uma didática não depositária pela qual o aluno aprende exercitando sua autonomia através do jogo teatral. A abordagem puramente intelectual é substituída pelo plano da corporeidade, sendo o material do teatro – gestos e atitudes – experimentado concretamente por meio da expressão física.

Entre os fragmentos de minha memória da década de 1980 está a leitura solitária, embora acompanhada pelo meu orientador Jacó Guinsburg, de quilômetros de textos teóricos em alemão.

8 W. Benjamin, *Versuche über Brecht*, p. 36.
9 Ver H. Müller, *Heiner Müller Material*.
10 "[O] melhor equivalente que consigo encontrar é jogo de aprendizagem". Apud I.D. Koudela, Brecht: *Um Jogo de Aprendizagem*, p. 99.

Os equívocos de traduções para o português da teoria da peça didática de Bertolt Brecht eram uma constante. *Estudos Sobre o Teatro* era a publicação em português sobre a teoria do Teatro Épico. O *Teatro Completo de Bertolt Brecht*, então, estava em processo de edição pela Paz e Terra. Para essa compilação, colaborei na tradução de A *Decisão* e de peças em forma de fragmentos. Sobre a peça didática, continuavam generalizadas as falhas de tradução no Brasil e internacionalmente. A fim de suprir tal dificuldade, acabei por descobrir a tese de Reiner Steinweg através de pesquisa bibliográfica que realizei no Instituto Goethe de São Paulo e troquei correspondência com o autor, por meio de cartas ainda naquele tempo, tornando possível a importação de livros.

Naquela mesma época, deu-se o advento do computador, e lembro de minha inabilidade no manuseio do instrumento, após tantos anos sentada diante da velha máquina de escrever, o que gerou grande tensão. Por fim, ocorreu o aprendizado desse valioso instrumento de pesquisa que é o computador. Logo em seguida, Reiner Steinweg veio ao Brasil, com apoio da Fapesp, para ministrar um Curso de Pós-Graduação na ECA-USP, em 1987, e também aconteceu minha ida à Alemanha, o que me proporcionou tanto o contato com Florian Vassen e Gerd Koch como uma experiência mais próxima do jogo com a peça didática, em 1988.

À Queda do Muro de Berlim, ainda atravessei o Checkpoint Charlie, vivenciando a tensão política entre as duas Alemanhas e a sua reconciliação. Houve então novo intercâmbio com os professores alemães que ministraram disciplinas no Curso de Pós-Graduação em Artes Cênicas na ECA-USP.

A construção da práxis tendo como base a teoria da peça didática aplicada em grupos de formação de Licenciatura em Teatro, no Departamento de Artes Cênicas da USP, teve como resultado o livro *Texto e Jogo*, originalmente minha Tese de Livre Docência.

Abordar o "continente" Bertolt Brecht no Brasil é tarefa imensa. Costumo dizer que Brecht é um autor brasileiro se observarmos a profunda influência que exerceu na história do teatro deste país através dos grupos Teatro de Arena e Teatro Oficina (São Paulo), do Ói Nóis Aqui Traveiz (Porto Alegre) e mais recentemente do Folias de Arte e Cia. do Latão (São Paulo), só para citar alguns. Já para além do teatro, o poeta Bertolt Brecht é muitas vezes citado e popularmente conhecido.

Entretanto, raramente suas peças épicas são encenadas, embora rendam grande sucesso quando isso ocorre, como pudemos ver, entre outras, na apresentação da Ópera dos Três Vinténs, com direção de Bob Wilson, em Sesc de São Paulo, em 2013.

Brecht no teatro renasce das próprias cinzas? Recentemente participei como membro e orientadora de bancas de doutorado que tinham como tema a peça didática[11].

A pesquisa em torno da peça didática de Brecht continua a lançar as seguintes perguntas: Quem é o nosso aluno? É o doutorando que realiza pesquisas acadêmicas? É o professor em cursos de formação? É o professor da escola pública brasileira por todo o país? É o artista e o pesquisador que trabalha em grupos de teatro? É o jovem a quem a peça didática se dirige? É a criança? Creio que são todos aqueles com quem trabalhamos, seja fazendo teatro, seja no ofício artístico pedagógico. A indagação gira sempre em torno da "Pedagogia do Teatro", em alemão, *Theaterpädagogik*. E começo a verificar esse problema pelo início: a criança.

O poema de Mario Quintana, poeta gaúcho, nos ajuda a focalizar o tema "jogo teatral".

> Mentira?
> A mentira é uma verdade que se esqueceu de acontecer.
> Mentiras.
> Lili vive no mundo do faz de conta. Faz de conta que isto é um avião. Zzzzzzun... Depois aterrissou em pique e virou trem. Tuc tuc tuc tuc... Entrou pelo túnel chispando. Mas debaixo da mesa havia bandidos. Pum! Pum! Pum! Pum! O trem descarrilhou. E o mocinho? Meu Deus! Onde é que

---

11 F.N. Teixeira, *Diga Que Você Está de Acordo!*; V. Concilio, *Baden Baden: Modelo de Ação e Encenação em Processo Com a Peça Didática de Bertolt Brecht.*

está o mocinho? No auge da confusão, levaram Lili para a cama, à força. E o trem ficou tristemente derribado no chão, fazendo de conta que era mesmo uma lata de sardinha.[12]

Quantos anos tem Lili? Onde está? O que está fazendo? Com o que ela está brincando? E então, o que acontece?

O pensamento e a vida afetiva da criança estão orientados para dois polos opostos. De um lado, ela deve adaptar-se à realidade, respeitar as regras sociais e morais e utilizar o código constituído pela linguagem. De outro, estão as verdades subjetivas, impossíveis de serem formuladas pelo discurso coletivo da língua falada e escrita.

O jogo simbólico é inicialmente o procedimento de expressão criado pelo sujeito para expressar a experiência subjetiva. Piaget[13] distingue cinco condutas, de aparecimento mais ou menos simultâneo e que enumera na ordem de complexidade crescente: imitação diferida, jogo simbólico ou jogo de ficção, desenho ou imagem gráfica, imagem mental e evocação verbal (linguagem).

A linguagem, ao contrário dos outros instrumentos desenvolvidos pelo indivíduo à proporção de suas necessidades, já se encontra elaborada coletivamente. Não nascemos falando o português ou o alemão, somos introduzidos ao código coletivo da língua.

O aprendizado da língua materna começa a aparecer na criança ao mesmo tempo que as outras formas de pensamento simbólico. Os progressos do pensamento representativo são, portanto, devidos à função simbólica. É essa função que destaca o pensamento da ação e cria a representação.

As principais manifestações disso, que se pode chamar de arte infantil, devem ser consideradas como tentativas sucessivas de conciliação entre as tendências próprias do jogo simbólico (o qual ainda não constitui arte em sentido estrito) e as que caracterizam as formas adaptadas da atividade ou, se preferirmos, como síntese entre a expressão do eu e a submissão ao real.

---

12 *Lili Inventa o Mundo*, p. 10.
13 J. Piaget, *A Psicologia da Criança*, p. 47-48.

Quando na criança se ativa o desenho, a representação teatral etc., ela busca satisfazer simultaneamente suas necessidades e adaptar-se aos objetos tanto quanto aos outros sujeitos. Ela continua, em um sentido, a expressar-se, mas também ensaia inserir o que pensa e sente em um mundo de realidades objetivas e comunicáveis que constituem o universo material e social[14].

Tradicionalmente, entende-se que apenas aquilo que pode ser expresso por meio da linguagem (discurso verbal) é passível de ser pensado. O pensamento articulado, a racionalidade, se expressa pelo discurso. Susanne K. Langer, em *Ensaios Filosóficos*, estabelece uma diferença entre a forma discursiva e a apresentativa. Segundo ela, onde quer que um símbolo opere existe significado, e o reconhecimento do *símbolo apresentativo* amplia a concepção da racionalidade para além das fronteiras tradicionais. Se aceitarmos que a função simbólica resulta de um processo espontâneo que continua o tempo todo na mente humana, o ver abstrativo é o fundamento de nossa racionalidade. Nesse sentido, a simbolização é pré-raciocinativa, mas não pré-racional. Antes de qualquer generalização ou silogismo consciente, a mente humana elabora símbolos que refletem um esforço consciente de compreensão. Enquanto os significados fornecidos através da forma *discursiva* exigem o aprendizado do vocabulário e da sintaxe, o *símbolo apresentativo* prescinde de qualquer aprendizagem.

As formas não discursivas são consideradas mais baixas do que as do discurso no sentido de que elas não exigem a intervenção do raciocínio e falam diretamente ao sentido. Enquanto o pensamento verbal e conceitual é inicialmente exterior à criança e não pode fornecer o que foi vivido individualmente, o simbolismo lúdico, ao contrário, elaborado pelo sujeito para seu próprio uso, tem a forma *apresentativa*.

Bertolt Brecht aborda o princípio da transformação simbólica da experiência na criança através de um dos mais belos textos das *Histórias do Sr. Keuner*[15].

14 Ibidem.
15 B. Brecht, Prosa 2 (Prosa), Geschichten vom Herrn Keuner (Histórias do Sr. Keuner), "Herr Keuner und die Zeichnung seiner Nichte" (O Sr. Keuner e o Desenho de sua Sobrinha), em GW 12, p. 400.

O Senhor Keuner
e o Desenho de Sua Sobrinha

> O Senhor Keuner observou o desenho da sua sobrinha pequena. Representava uma galinha voando sobre um pátio. Por que a sua galinha tem três pernas? Perguntou ele. As galinhas não voam, respondeu a pequena artista, por isso precisei de mais uma perna para dar o impulso. Estou contente por ter perguntado, disse o Senhor Keuner.

Na conferência pronunciada por Brecht na década de 1920 na Suécia, com o título "Vale a Pena Falar de Teatro Amador?"[16], fica clara a consciência que tinha não apenas em relação à origem do jogo teatral na psicogênese, como também de seu significado social como linguagem simbólica do homem comum em seu cotidiano.

Tudo o que contribui para a formação do caráter realiza-se, de acordo com Brecht, na primeira fase da infância, sendo que a imitação aí exerce um papel fundamental. O jogo teatral, na visão brechtiana, é um comportamento próprio do ser humano, sendo que o desenvolvimento artístico do teatro como espetáculo é uma marca dentro de um *continuum* que segue da criança até o artista adulto.

O jogo teatral encontra-se presente também no teatro amador, tão apreciado por Brecht, e, o que é ainda mais importante, no cotidiano, quando homens imitam outros homens ou representam um evento com caráter de demonstração na vida corrente. A partir dessa premissa, a arte do teatro é a mais humana e a mais singela de todas as artes, sendo realizada não apenas no palco, mas também no dia a dia.

De acordo com Brecht, a arte do teatro de um povo ou de uma época deve ser julgada como um todo, como um organismo vivo, que não é saudável se não for saudável em todos os seus membros.

---

16 Idem, Bänden, Schriften zum Theater (Ensaios Sobre o Teatro), "Lohnt es sich, vom Amateurtheater zu reden (Vale a Pena Falar de Teatro Amador?)", GW 15, p. 433.

O alerta chama atenção para o teatro realizado com crianças ou jovens, e essa também é a razão pela qual vale a pena falar de teatro amador.

De acordo com Walter Benjamin, em *Versuche über Brecht*, a forma mais singela de aproximação do teatro épico é o jogo teatral. Vejamos esse princípio na dicção brechtiana.

Sobre um Desenho Japonês Que Representa um Teatro de Bonecos Onde Crianças Se Apresentam Diante de Crianças

>Ai!
>Brincando em cima de mesas
>Crianças mostram o que viram
>
>Como o homem se comporta perante
>O homem
>Sendo lobo do homem
>Ali,
>Um deles se ajoelhou diante do outro
>
>Quatro se esforçavam em mostrar o que viram
>Apenas dois permaneceram
>Os outros dois correram
>Cheios de medo
>Logo mais os infelizes jogadores terão perdido também o seu direito de cidadania.[17]

---

17 Idem, Gedichte (Poesias), "Zu Einer Japanischen Zeichnung ein Puppenspiel Darstellend, das Kinder Kindern Vorführen" (Sobre um Desenho Japonês Que Representa um Teatro Onde Crianças Se Apresentam Diante de Crianças), GW 9, p. 543.

Aí Brecht observa um desenho oriental, o que cria distância do evento real. O poeta se posiciona axiologicamente diante da própria vida, sendo que a valoração ultrapassa o limite do apenas vivido. Ele se distancia de seu contexto histórico e o olha de fora, tornando-se outro em relação ao seu tempo. Ele não apenas registra passivamente os acontecimentos terríveis, mas faz recortes que provocam um processo de compreensão dialógico, pois é sempre um reflexo do reflexo que nos reporta ao contexto histórico em que viveu Brecht e, ao mesmo tempo, ele pode nos reportar ao presente de nosso contexto histórico.

De acordo com Brecht, todo aquele que quiser estudar a arte do teatro e sua função social seriamente faria bem em observar as múltiplas formas nas quais o jogo teatral acontece, para além das grandes instituições, ou seja, faria bem em prestar atenção nos esforços espontâneos, toscos e pouco desenvolvidos dos amadores. Mesmo se os amadores fossem apenas aquilo que os artistas profissionais veem, ou seja, *um público de jogadores*, ainda assim continuariam sendo interessantes o suficiente[18].

Brecht compreendia a apreciação do teatro pelos espectadores como uma democratização dos meios de produção. Se, por um lado, o acesso físico ao teatro deve ser ampliado, diversificando as formas de produção do teatro, por outro lado, o acesso aos bens simbólicos implica em um processo de educação focada na apreciação e leitura de textos e/ou imagens. Segundo ele:

> É uma opinião antiga e fundamental que uma obra de arte deve influenciar todas as pessoas, independentemente da idade, status ou educação [...] todas as pessoas podem entender e sentir prazer com uma obra de arte porque todas têm algo de artístico dentro de si [...] existem muitos artistas dispostos a não fazer arte apenas para um pequeno círculo de iniciados, que querem criar para o povo.

---

18 Idem, Schriften zum Theater, "Lohnt es sich , vom Amateurtheater zu reden?" (Vale a Pena Falar de Teatro Amador?), GW 15, p. 433.

Isso soa democrático, mas em minha opinião não é democrático. Democrático é transformar o pequeno círculo de iniciados em um grande círculo de iniciados. Pois a arte necessita de conhecimento. A observação da arte só poderá levar a um prazer verdadeiro se houver uma arte da observação. Assim como é verdade que em todo homem existe um artista, que o homem é o mais artista dentre todos os animais, também é certo que essa inclinação pode ser desenvolvida ou perecer. Está contido na arte um saber que é saber conquistado através do trabalho.[19]

A tarefa é para a Pedagogia do Teatro!
Há muito tempo, as pinturas de Peter Brüghel, o Velho, vêm me acompanhando. Inicialmente, o que buscava era a cidade medieval com as praças, os folguedos, os jogos e as brincadeiras. A pintura *Children´s Plays* (Jogos Infantis), de 1557, foi utilizada por mim de forma recorrente como modelo de ação para a construção do repertório dessa cultura oral com professores e alunos.

Em 2006, na construção do espetáculo teatral *Nós Ainda Brincamos Como Vocês Brincavam?*, a leitura da pintura *Children´s Plays*, de Brüghel, foi o ponto de partida para a pesquisa da cultura oral dos jogos populares. O repertório de jogos de rua, inventariado pelo artista através da imagem da praça medieval, foi por mim encenado, sendo que as regras de jogo e os versos e músicas dos jogos tradicionais constituíram-se em texto espetacular.

Os atuantes identificaram jogos que resgatavam de sua infância. Ao mesmo tempo que tal resgate apontava para um passado nem tão distante, a imagem da praça medieval na pintura de Brüghel nos permitia tomar distância histórica.

Quem eram aqueles brincantes? Como estavam vestidos? Por que tinham aquela expressão fisionômica? Eram adultos ou crianças? As crianças hoje ainda conhecem esses jogos? O que mudou?

---

19 Idem, Schriften zur Literatur und Kunst (Escritos Sobre Literatura e Arte), "Betrachtung der Kunst und Kunst der Betrachtung" (Observação da Arte e Arte da Observação), GW 18, p. 272.

Como era a sua rua? Quem eram seus parceiros? As crianças hoje ainda conhecem esses jogos?

A pintura de Brüghel nos permitiu tomar consciência do tempo, historicizando assim a obra. Os jogos, as brincadeiras, as crianças nem sempre foram as mesmas e nem sempre o serão.

O que mais me mobilizou nessa encenação – descoberta no processo da leitura da imagem – foi a aplicabilidade do conceito de *historicização* a essa e outras pinturas de Brüghel.

Nas inúmeras tentativas de conceituação do *estranhamento*, por Brecht, identificamos dois passos. O primeiro, que se aproxima daquela do formalismo russo, é o segue: "Estranhar um processo ou caráter significa inicialmente retirar desse processo ou caráter aquilo que é evidente, conhecido, manifesto, e provocar espanto e curiosidade diante dele."[20] O segundo passo, mais específico em Brecht, se diferencia pelo fato de chamar a atenção para processos sociais. Em oposição a outras tendências artísticas, busca meios que visam mostrar as relações entre os homens justamente com o que é cotidiano, usual, e deve ser tratado como histórico: "estranhar significa, pois, historicizar, representar processos e pessoas como históricos, portanto transitórios. O mesmo pode acontecer com contemporâneos. Também as suas atitudes podem ser representadas como temporais, históricas, transitórias"[21].

Peter Brüghel foi para Brecht um mestre. Ele anota, em seu Diário de Trabalho, em 18 de dezembro de 1948: "Costumo acordar às 5:30 hs. Então preparo café ou chá, leio um pouco de Lukács ou Goethe (o "colecionador"). Quando levanto, olho para uma grande pintura impressa da dança de camponeses de Brüghel na parede [...] e então sento-me à mesa para trabalhar."[22]

Na casa onde morou em Berlim, durante a visita, os guias chamam a atenção para o fato de que Brecht carregou seus dois volumes de reproduções de Brüghel por todos os lugares durante o seu exílio

---

20 Idem, Schriften zum Theater, GW 15, p. 302.
21 Ibidem, p. 301.
22 Idem, Journale (Diário de Trabalho) 18.12.1948, GBA 27, p. 292.

da Alemanha. No dia 8 de dezembro de 1939, inventariou em seu diário entre seus pertences: "Dois volumes de quadros de Brüghel."[23]

Em observações que faz sobre "O Efeito de Estranhamento nas Pinturas Narrativas de Peter Brüghel, o Velho", tal efeito modelar sobre a sua própria obra se evidencia:

> Se investigarmos os fundamentos dos contrastes pictóricos de Brüghel, nos apercebemos que apresentam contradições. Mesmo quando equilibra seus opostos, Brüghel não os equipara uns aos outros. Não existe nessas imagens uma separação entre o trágico e o cômico. O trágico contém o cômico e o cômico, o trágico.[24]

Interessa a Brecht a contradição, o jogo de oposições, a superação da divisão dos gêneros e, sem dúvida, a *historicização* provocada por tais colisões – o tempo em suspenso!

O que seria narrativo nas pinturas de Brüghel? E qual a função da narrativa no exercício de leitura da imagem? A etapa da descrição é um dos momentos mais sutis e produtivos na leitura de imagens. A verbalização do que é visualizado faz com que a percepção de formas e conteúdos seja trazida para a consciência.

Nas pinturas de Brüghel, o método narrativo é exercitado no próprio ato da percepção da obra, na medida em que ele combina o princípio da perspectiva com a decifração sequencial das inúmeras informações que suas pinturas aportam. Esse exercício pode ser instaurado de forma programática com grupos de crianças, jovens e adultos. Reportando para o seu passado e para o passado do tempo da história, o *modelo de ação*, prefigurado na obra de arte de Brüghel alarga o horizonte e o tempo de percepção do fruidor.

---

23 Idem, Journale 8.12.1939, GBA 26, p. 350.
24 Idem, Schriften zum Theater, "Verfremdungseffekt in den erzählenden Bildern des ältaern Bruegel" (O Efeito de Estranhamento nas Pinturas Narrativas de Peter Brüghel, o Velho), GW 18, p. 280.

Trago a imagem da "Soberba", que é uma das sete gravuras de *Os Sete Vícios Capitais*, de Brüghel, o Velho, para ilustrar o procedimento. As cenas teatrais foram construídas com base na leitura das gravuras, realizada com os atuantes da encenação denominada *Chamas na Penugem*, com os alunos do Curso de Licenciatura em Teatro na Uniso (Universidade de Sorocaba de São Paulo), sob a minha direção e a assistência de Joaquim Gama, que defendeu tese de doutorado na ECA-USP[25] sobre a abordagem estética e pedagógica do teatro de figuras alegóricas.

> *Superbia*
> *Nemo svperbvs amat superos. Nec amatvr ab illis.*
> Uma dama real vestida ricamente com roupas da corte, olha para o mundo com o nariz empinado enquanto admira

---

25 Ver *Alegoria em Jogo: A Encenação Como Prática Pedagógica*.

sua imagem no espelho ao seu lado um pavão ostentando as penas da cauda o espelho de adoração da mulher tem eco num monstro aristocrata com cabeça patas da frente e rabo de peixe com penas de pavão que admira a si mesmo em um espelho suspenso por uma criada freira o cadeado que atravessa seus lábios indica silêncio forçado e o gesto da freira aponta para os fanfarrões de grandes bocas que ensurdecem um ser humano trajando um capuz semelhante ao dos bobos da corte uma ave horrenda se contorce para melhor admirar o seu ânus em um espelho uma flecha penetra profundamente as suas costas seres humanos com figurinos de pastores ou freires escoltam uma menina nua aterrorizada um demônio com asas carrega um escudo no qual há uma inscrição com um símbolo talvez de uma tesoura na casa de beleza de quinhentos anos uma mulher é ensaboada por um demônio com cara de lobo que equilibra um vaso na cabeça um barbeiro derrama lodo no cabelo do freguês acima da porta um homem nu agachado evacuando numa panela que escorre sobre uma peça musical no telhado perto dali há um bandolim pendurado instrumentos e música serviam para divertir os fregueses que esperavam pela sua vez nas barbearias daquele tempo o telhado exibe a licença do barbeiro para cortar cabelo e praticar cirurgia um morteiro e um pilão mostram que o barbeiro também prescreve drogas estruturas estranhas com rostos humanoides estão espalhadas no fundo no centro no alto há uma estrutura estranha parecendo um navio repleto de vítimas nuas vigiadas por um demônio com um elmo cravejado que cobre sua cabeça uma árvore cresce nesse arco em seu topo vemos um ovo quebrado dentro do qual seres humanos estão amontoados abaixo da árvore há uma boca do inferno que parece talvez feita de asas e homens nus se agacham para nela entrar logo à esquerda uma árvore parece crescer através de outra estrutura ornada decorada com espelhos fumaça sai de buracos no teto abaixo há um regato em seus barrancos dois homens parecem estar sentados um deles cai para trás um monstro semelhante a um urso está montado em um cavalo e seu parceiro nu está montado atrás no fundo da corrente portas de ferro estão sendo erguidas no portão do castelo encimado por um chapéu uma multidão de pecadores nus parece prosseguir com dificuldade sendo coberta pelas águas o chapéu no topo está inclinado pássaros espiam através da abertura uma casca de ovo quebrada está inflamada e solta fumaça parece haver uma igreja em torno dessa fortaleza com uma boca de forno em forma de grinalda um monstro está devorando uma vítima nua seu chapéu quádruplo parece feito de um amontoado de colmeias um mastro se projeta amarrado através de cordas no solo duas figuras caem de cabeça para baixo no lago à direita elas parecem sapos um deles cai da altura dos penhascos atrás do lago nas rochas figuras estão reunidas no escuro talvez esperando para atravessar a água ou talvez para mergulhar.

Mais do que fazer julgamentos sobre pecados individuais, Brüghel está preocupado em descrever vícios. Os maus hábitos não são aí concebidos pelo desenhista flamengo como atos isolados transgressores de leis morais, mas sim como intrínsecos ao ser humano. A cena desses vícios se passa na alma da humanidade. Ela não se passa na alma de um só homem.

Há sempre uma figura alegórica central nas gravuras. Trata-se de mulheres, representando o vício. As outras personagens são seus desdobramentos. Nos desenhos de Brüghel, os vícios são cenas da ruína dos homens ainda em vida. O vício leva à decadência física e espiritual. Aderir ao vício equivale a tornar-se vítima. A vida viciada é em si mesma infernal.

O grotesco se revela através da deformação do conhecido. O grotesco é uma arte que se reconhece também como alegórica. Nesse sentido, trata-se de uma estilização extrema.

A comicidade do grotesco paralisa a recepção do espectador, impedindo-o de rir ou de chorar impunemente. Esse perpétuo movimento de inversão das expectativas provoca a contradição. O grotesco mantém um equilíbrio instável entre o cômico e o trágico.

Há frequentemente, nas gravuras de Brüghel, transformação do homem em animal e vice-versa. Muitos deles são composições horrendas, impossibilidades anatômicas combinando elementos humanos e animais – aves, peixes e répteis.

Frente ao teatro convencional, cuja representação se baseia na palavra, o teatro de figuras alegóricas constitui-se como uma forma teatral própria, sob diferentes pontos de vista:

- não conta histórias construídas a partir da relação de causa/efeito, mas alinha quadros que se relacionam através de associações;
- não apresenta caracteres psicologicamente diferenciados, mas sim figuras alegóricas;
- não há uma imitação ilusionista da realidade, mas sim realidades autônomas com regularidades espaciais e temporais próprias;
- não transmite mensagens racionalmente atingíveis na forma discursiva, mas cria universos imagéticos que valem por si;
- não almeja, em primeira linha, a ativação da influência sobre a consciência, mas sim motivar o jogo de troca entre as camadas estruturadas imageticamente no pré-consciente e o pensar conceitual;
- busca romper o limite na relação entre palco e plateia.

Ao analisar os signos teatrais pós-dramáticos, Hans-Thies Lehmann, em sua obra *Teatro Pós-Dramático*, aponta para um princípio geral que é a rejeição de uma hierarquia dos recursos teatrais. Essa estrutura não hierárquica contraria nitidamente a tradição que visava produzir harmonia e compreensão, instituindo unidade entre texto e ação. Essa conexão é rompida no teatro pós-dramático das últimas décadas. O teatro já não aspira à totalidade de uma composição estética feita de palavra, sentido, som, gesto etc., que se oferece à percepção como construção integral. Ao contrário, assume seu caráter de fragmento.

Entre os elementos visuais do teatro de figuras alegóricas, enumeramos signos espaciais como a cenografia, adereços e iluminação.

Também figurinos e máscaras dos atuantes devem ser aqui listados. Os signos espaciais constituem o cerne do trabalho de encenação, já que signos gestuais e mímicos são determinantes para a ação da cena. Na encenação, os movimentos são tornados harmoniosos e legíveis, coreografados.

Signos acústicos, ao lado de ruídos e música, constituem signos linguísticos e paralinguísticos que marcam a encenação. A maneira como esses diferentes campos se relacionam e a forma que assumem em cena é determinante para a decifração do texto espetacular. O jogo entre os elementos visuais e acústicos transforma a interpretação do texto e/ou tema em um espaço imaginário para os espectadores. Nesse sentido, a coordenação e composição desses diversos elementos são determinantes para o processo de construção de sentido da encenação.

Diante dos quadros de Brüghel, é comum sentir que as posições das figuras parecem estar peculiarmente congeladas e como que suspensas. Essa imobilização está intimamente ligada ao caráter narrativo e alegórico das imagens. Elas estão desdramatizadas. Cada detalhe parece apresentar o mesmo peso, de modo que nessas imagens não há lugar para a culminância e a centralização típicas da representação dramática, com a separação de assunto principal e assunto secundário, centro e periferia. Com frequência, a narrativa aparentemente essencial é deslocada de modo acentuado para a margem, como em *A Queda de Ícaro de Brüghel*, por exemplo. Essa estética de crônica fascinava especialmente Brecht, que estabeleceu uma ligação entre a pintura de Brüghel e a sua concepção do Teatro Épico.

A encenação de *Chamas na Penugem* teve sua narrativa construída a partir de três eixos principais, articulados numa relação intertextual: a descrição oral das gravuras de Brüghel, o Velho, *Os Sete Vícios Capitais*, o texto espetacular criado pelos atuadores de alegorias referentes a essas imagens e as próprias gravuras, fonte de referência desses dois discursos, mas que não eram mostradas à plateia.

O espectador era colocado, durante todo o tempo, numa atitude de interrogação e busca de sentido. Ao ouvir a voz em *off*, que descrevia imagens, e ao ver as cenas, que não reproduziam nem interpretavam o que estava sendo descrito, o espectador era obrigado a ir e vir entre as significações, operando mentalmente um jogo, experimentando possibilidades.

As sete gravuras de Peter Brüghel foram estruturadas através da construção de "quadros vivos", cuja organização obedeceu aos *tableaux vivants*, de Denis Diderot[26]. Nessas gravuras, monstros e ações diabólicas aparecem em paisagens surrealistas. A infestação de demônios é como um melodrama elisabetano misturando violência física, horror moral e insulto grotesco. O elemento diabólico, presente nos desenhos, não é reprodução do inferno que aguarda os pecadores após a morte. As ações diabólicas estão acontecendo diante de nós.

Chamas na Penugem era uma referência à Fênix e seu permanente crepitar de chamas num ciclo de vida que pode demorar quinhentos anos ou um breve instante – paradoxo do qual a encenação buscava ser uma encarnação:

> Fênix chama-se o pássaro que a cada quinhentos anos incendeia a si mesmo e renasce das próprias cinzas às vezes seus quinhentos anos duram apenas uma noite ele voa à noite para o sol e inicia pela manhã o seu retorno para a terra incendiado mas não consumido chamas na penugem às vezes sua noite dura quinhentos anos o fogo consome apenas as escórias com as quais o trabalho humano o entulha modas mídia indústrias e o veneno dos cadáveres das guerras molesta o seu manto de penas seu segredo é a chama eterna que arde em seu coração ele não esquece os mortos e aquece os que ainda não nasceram.

[26] Ver D. Diderot, *Discurso Sobre a Poesia Dramática*.

Bibliografia

BENJAMIN, Walter. *Origem do Drama Barroco Alemão*. Trad. Sérgio Paulo Rouanet. São Paulo: Brasiliense, 1984.
____. *Versuche über Brecht*. Frankfurt: Suhrkamp, 1981.
BRECHT, Bertolt. *O Declínio do Egoísta Johann Fatzer*. Organização de Heiner Müller, tradução de Christine Röhrig. São Paulo: Cosac Naify, 2002.
____. *Gesammelte Werke in 30 Bänden: Grosse kommentierte Berliner und Frankfurter Ausgabe* (GBA). Organização de Klaus-Detlef Müller; Werner Hecht. Berlin/Frankfurt: Aufbauverlag/Suhrkamp, 1988. (Erste Auflage.)
____. *Teatro Completo de Bertolt Brecht*. Rio de Janeiro: Paz e Terra, 1986.
____. *Estudos Sobre o Teatro*. Rio de Janeiro: Nova Fronteira, 1978.
____. *Gesammelte Werke in 20 Bänden* (GW). Organização Elizabeth Hauptmann Frankfurt: Suhrkamp, 1967.
BOY, Tania Cristina dos Santos. *Protocolo: Um Gênero Discursivo na Pedagogia de Leitura e Escrita do Teatro*. Tese (Doutorado em Pedagogia do Teatro), ECA-USP, São Paulo, 2013.
BRENNER, Hildegard. Die Fehldeutung der Lehrstücke: Zur Methode einer bürgerlichen Wissenschaft. *Alternative*, n. 78-79, Berlin, 1971.
CONCILIO, Vicente. *Baden Baden: Modelo de Ação e Encenação em Processo Com a Peça Didática de Bertolt Brecht*. Tese (Doutorado em Pedagogia do Teatro), ECA-USP, São Paulo, 2013.
DIDEROT, Denis. *Discurso Sobre a Poesia Dramática*. São Paulo: Brasiliense, 1986.
ESSLIN, Martin. *Das Paradox des Politischen Dichters*. München: Deutscher Taschenbuch, 1979.
GALIZIA, Luiz Roberto. *Os Processos Criativos de Robert Wilson*. São Paulo: Perspectiva, 1986.
GAMA, Joaquim. *Alegoria em Jogo: A Encenação Como Prática Pedagógica*. São Paulo: Perspectiva, 2016.

GIL, João Pedro Alcântara et al. *O Espectador Criativo: Colisão e Diálogo*. Porto Alegre: AGE, 2013.
KESTING, Marianne. *Das Epische Theater: Zur Struktur des Modernen Dramas*. Stuttgart: Kohlhammer, 1959.
KOUDELA, Ingrid Dormien. *Brecht: Um Jogo de Aprendizagem*. 2 ed. São Paulo: Perspectiva, 2010.
____. *Brecht na Pós-Modernidade*. 2 ed. São Paulo: Perspectiva, 2012.
____. *Heiner Müller: O Espanto no Teatro*. São Paulo: Perspectiva, 2003.
____. *Texto e Jogo: Uma Didática Brechtiana*. São Paulo: Perspectiva, 1996.
KOUDELA, Ingrid Dormien (Org.). *Um Voo Brechtiano: Teoria e Prática da Peça Didática*. São Paulo: Perspetiva, 1992.
KOUDELA, Ingrid Dormien; ALMEIDA JUNIOR, José Simões (Org.). *Léxico de Pedagogia do Teatro*. São Paulo: Perspectiva, 2015.
LANGER, Susanne K. *Ensaios Filosóficos*. São Paulo: Cultrix, 1971.
LEHMANN, Hans-Thies. *Escritura Política no Texto Teatral*. São Paulo: Perspectiva, 2002.
____. *Teatro Pós-Dramático*. São Paulo: Cosac Naify, 2007.
LESSING, Gotthold Ephraim. *Dramaturgia de Hamburgo. Lessing: Obras, Crítica e Criação*. Organização de J. Guinsburg; Ingrid D. Koudela. Tradução de J. Guinsburg; Ingrid D. Koudela; Samir Signeu; Gita K. Guinsburg. São Paulo: Perspectiva, 2016.
____. *Wie die Alten den Tod gebildet. Werke in einem Band. 1767-1769*. Hamburg: Hoffmann und Campe, 1954.
MITTENZWEI, Werner. *Bertolt Brecht: Von der Massnahme zu Leben des Galilei*. Berlin: Aufbauverlag, 1977.
MÜLLER, Heiner. *Leben Gundlings Friedrich von Preussen Lessings Schlaf Traum Schrei*. In: *Werke 4, Die Stücke 2*. Frankfurt: Suhrkamp, 2001.
____. *Guerra Sem Batalha: Uma Vida Entre Duas Ditaduras*. Tradução de Zimber Karola. São Paulo: Estação Liberdade, 1997.
____. *Medeamaterial e Outros Textos*. São Paulo: Paz e Terra, 1993.
____. Phönix. *Heiner Müller Material: Texte und Kommentare*. Leipzig: Reclam, 1990.
____. *Gesammelte Irrtümer: Interviews und Gespräche*. Frankfurt: Verlag der Autoren, 1986.
PIAGET, Jean. *A Psicologia da Criança*. São Paulo: Difel, 1982.
____. *O Julgamento Moral na Criança*. São Paulo: Mestre Jou, 1977.
____. *A Formação do Símbolo na Criança*. Rio de Janeiro: Zahar, 1975.
QUINTANA, Mario. *Lili Inventa o Mundo*. São Paulo: Global, 2020.
RÖHL, Ruth. *O Teatro de Heiner Müller*. São Paulo: Perspectiva, 1997.

RÖHL, Ruth; SCHWARZ, Bernhard J. *A Literatura da República Democrática Alemã*. São Paulo: Perspectiva/Fapesp, 2006.

SCHUMACHER, Ernst. *Die Dramatischen Versuche Bertolt Brechts 1918-1933*. Berlin: Das Europäische Buch, 1977.

STEINWEG, Reiner. *Das Lehrstück. Brechts Theorie einer politisch-ästhetischen Erziehung*. Stuttgart: Metzler, 1972.

TEIXEIRA, Francimara Nogueira. *Diga Que Você Está de Acordo! O Material Fatzer de Brecht Como Modelo de Ação*. Tese (Doutorado em Artes Cênicas), UFBA, Salvador, 2013.

VÖHRINGER, Christian. *Meister der Niederländischen Kunst: Peter Brüghel – 1525-1569*. Berlin: Tandemverlag, 2007.

WILLET, John. *O Teatro de Brecht*. Rio: Zahar, 1967.

WOLF, Christa. *Cassandra*. Tradução de Marijane Vieira Lisboa. São Paulo: Estação Liberdade, 1990.

Este livro foi impresso na cidade de Cotia,
nas oficinas da Meta Brasil, para a Editora Perspectiva